《당신을 위한 미가》는 노련하고 전문적인 성경 강해자가 저술한 매우 유익한 주석이다. 이 책의 저자 스티븐 엄 목사는 하나님의 말씀으로 개혁을 외친 선지자의 메시지에 귀를 기울이도록 당신을 초청한다. 그는 성경 본문의 흐름을 따라가도록 도와줄 뿐 아니라, 죄악과 우상숭배의 본질, 그리고 심판과 소망에 대한 기대를 숙련가다운 솜씨로 펼쳐 놓는다. 미가는 열의를 다해 정의와 진실을 추구했던 선지자로 잘 알려져 있다. 바로 이 오래전에 살았던 선지자가 스티븐 엄 목사의 해설을 통해 아픔의 현시대를 사는 우리를 향해 입을 열었다. 특별히 고대 이스라엘 사회에서 활동한 미가의 메시지를 예수 그리스도와 복음으로 용의주도하게 연결하는 작업은 이 책이 지닌 가장 큰 장점이다.

D. A. 카슨_ 미국 트리니티신학대학원 명예교수, TGC 대표

MICAH FOR YOU

© Stephen Um/ The Good Book Company, 2018
Originally Published in English under the title: *Micah For You*
Published by The Good Book Company,
Blenheim House, 1 Blenheim Road, Epsom, KT19 9AP, UK
All rights reserved.

Korean translation edition © 2019 by Duranno Ministry
38, Seobinggo-ro 65-gil, Yongsan-gu, Seoul, Republic of Korea

This Korean edition published by arrangement
with The Good Book Company through Wen-Sheuan Sung.

당신을 위한 미가

지은이 | 스티븐 엄
옮긴이 | 장성우
초판 발행 | 2019. 7. 25
등록번호 | 제1988-000080호
등록된 곳 | 서울시 용산구 서빙고로65길 38
발행처 | 사단법인 두란노서원
영업부 | 2078-3333 FAX | 080-749-3705
출판부 | 2078-3332

책값은 뒤표지에 있습니다.
ISBN 978-89-531-3575-8 04230
       978-89-531-2122-5 (세트)

독자의 의견을 기다립니다.
tpress@duranno.com   http://www.duranno.com

당신을 위한
미가

스티븐 엄 지음 | 장성우 옮김

두란노

Contents

⁝ Part 3

정의를 행하며
인자를 사랑하며

●

불의한 현실,
애통 그 너머에 있는 죄악들

우리가 사는 세상은 어그러지고 어딘가 망가져 있다. 가난한 자들이 착취를 당하는 모습은 세상의 일부가 정상이 아님을 보여 준다. 약한 자들이 억압을 받는 현실은 마땅히 지켜져야 할 도리가 무시되고 있음을 말해 준다. 스스로를 돌아보더라도, 각자에게 요구되는 바른 모습대로 살아가고 있지 않음을 알게 된다. 관용보다 탐욕을, 타인의 필요보다 자신의 편의를 쉽사리 선택하며 산다. 결국 어디를 둘러보아도, 세상이 왜 이렇게 되었는지 의아할 수밖에 없다.

아이러니하게도 이러한 상황에서 우리는 정의, 긍휼, 공평, 선의를 향한 내면의 깊은 갈망을 느낀다. 그리고 그 갈망의 일부분이 충족되면, 세상이 마치 정상적인 궤도를 다시 찾은 것처럼 느끼기도 한다. 이를테면 거꾸로 뒤집힌 세상에서 정의를 통해 잠시나마 정상적인 모습을 보는 듯하다. 간혹 망가지고 타락한 세상의 실체를 대하며 사람들이 맞서 싸우려는 이유도 바로 거기에 있다.

그런데 정의를 향한 우리의 갈망은 단지 21세기에만 존재하는 마음이 아니다. 그 갈망은 인간이 고유하게 지니고 있는 마음이다. 예나 지금이나 사람들은 언제나 공평, 긍휼, 선의와 같은 가치들이 실현되기를 갈망해 왔다. "어떤 모습으로 그러한 가치들이 실현되어야 할까?" "어떻게 그 가치들이 실현된 현실을 경험할 수 있을까?" "과연 무엇이 그와 같은 현실을 이루지 못하도록 방해할까?"

미가는 주전 8세기의 이스라엘 백성에게 보냄을 받은 구약의 선지자이다. 그는 까다로운 물음들을 다루고 있다. 그의 물음은 당시뿐 아니라 오늘을 사는 우리에게도 꼭 필요한 메시지이다. 그 메시지에서 가장 유명한 말씀은 6장에 등장하는 구절이다. "사람아 주께서 선한 것이 무엇임을 네게 보이셨나니 여호와께서 네게 구하시는 것은 오직 정의를 행하며 인자를 사랑하며 겸손하게 네 하나님과 함께 행하는 것이 아니냐"(미 6:8).

우리는 이 구절을 어느 포스터나 자동차 스티커에서 본 적이 있을지도 모른다. 그처럼 잘 알려진 이 구절은 미가서의 핵심을 간결하게 요약하고 있을 뿐 아니라, 그 '선한 것'을 오늘도 주변에서 보기 원하는 우리의 갈망을 대변해 준다. 그런데 만일 시간을 들여 미가서 전체를 주의 깊게 읽는다면, 우리는 이 선지서에서 단지 정의를 배우는 일만이 하나님의 뜻이 아님을 알게 된다. 우리를 향한 미가서의 메시지는 그저 선을 행하라는 요청만이 아니다. 하나님께서는 그분의 영광과 창조 세계의 발전을 위해 우리가 선을 행해야 할 이유와 필요를 먼저 깨닫게 되기를 원하신다. 또 그렇게 할 수 있는 능력을 발견하기를 원하신다. 이런 차원에서 미가서는 우리에게 불의의 죄악이 실재하며, 그에 따른 심판이 불가피하지만, 그와 동시에 회복의 소망이 찾아오고 있음을 말해 준다. 이처럼 미가서는 우리가 생각하는 것보다 훨씬 더 깊은 메시지를 전달한다. 그리고 다음과 같은 핵심 주제들이 반복적으로 나타난다.

- 죄: 미가는 이기적인 세상 속에 살아가는 죄인들이 절실히 들어야 할 메시지를 선포한다. 당시 이스라엘 백성은 죄의 파괴적인 성격뿐 아니라 불의를 전적으로 미워하시는 하나님을 진지하게 대면할 필요가 있었다. 하나님은 압제와 학대를 혐오하신다. 그분은 죄를 가볍게 대하지 않으실 뿐 아니라, 피상적으로 다루지도 않으신다. 단순히 어떤 일을 나쁘다고 하시거나 그런 일을 하지 말아야 한다고 말씀하는 데서 그치지 않으신다. 오히려 자기 백성이 행하는 우상숭배를 심각한 죄로 취급하며 매우 심층적으로 다루신다. 즉 우리가 살면서 겪는 모든 비참한 현실은 단순히 겉으로 드러나는 행동보다 우리가 누구이며 또한 무엇을 예배하고 있는지와 더 깊은 관련이 있다고 지적하신다. 왜냐하면 문제는 행동 자체에 있다기보다 그 이면에

11

자리한 마음에 있기 때문이다. 죄는 이 세상뿐만 아니라 우리 마음속 가장 깊은 곳에서 활개치고 있다. 이런 차원에서 미가서는 눈앞에 있는 불의의 현장 이면에서 실제로 일어나는 일이 무엇인지를 감찰하시는 하나님께로 우리를 끊임없이 인도한다. 따라서 그 메시지는 도전이 될 뿐 아니라 우리를 변화시킨다.

- 심판: 미가를 통해 전달되는 또 다른 메시지는 죄로 인한 피할 수 없는 심판이다. 하나님은 죄와 그 비참한 결과가 무엇인지를 간과하지 않으신다. 죄를 못 본 체하거나 죄가 실재하지 않는 것처럼 가장하는 일은 그분의 본성을 거스르는 행위다. 이런 측면에서 미가서는 그저 읽기 편한 선지서가 아니다. 그 메시지가 지루하거나 현실과 무관하기 때문이 아니라, 우리를 불편하게 만들기 때문이다. 우리는 타인의 악행에 대해서는 정의가 실현되어야 한다고 외치지만, 우리의 악행에 대해서도 그렇게 되어야 한다고 생각하지는 않는다. 과연 우리는 얼마나 공정한 태도로 정의를 요구하고 있을까? 미가서는 이 까다로운 문제를 다룰

수밖에 없도록 각 사람을 유도한다. 그러므로 이렇게 말할 수 있을 것이다. 만일 미가서가 우리를 불편하게 만들지 않는다면, 분명 잘못 읽고 있는 것이다. 억압과 폭행과 학대, 재물의 오용과 불의와 유기 등에 대한 심판이 불가피하다는 사실은 직면하기 쉽지 않은 주제이다. 그렇기에 미가서는 그저 기분 좋게 읽을 수 있는 책이 아니다.

- 소망: 그럼에도 불구하고 이 책은 회복의 소망을 보도록 우리를 이끈다. 그 소망이 실현되는 데는 시간이 걸리겠지만, 하나님은 분명한 회복을 약속하신다. 우리는 미가서를 통해 죄와 심판을 마주하기에, 소망의 메시지를 더욱 깊이 받아들이게 된다. 이때 약속되는 회복은 총체적인(holistic) 회복으로서 실제적이고, 지속적이며, 온전한 변화를 가져다주는 상태를 의미한다. 죄는 마음의 추악함을 보도록 만들어 주지만 하나님의 약속은 그와 더불어 모든 것이 회복되리라는 비전을 보여 준다. 그리하여 예수 그리스도의 사역을 통

해 우리에게 선물로 주어지는 이 총체적인 변화를 경험하게 되면, 정의를 행하고 인자를 사랑하며 겸손하게 하나님과 동행할 수 있는 능력이 바로 그분으로부터 주어진다는 사실을 깨닫게 된다. 과거 이스라엘 백성이 장차 왕으로 오실 예수 그리스도 안에서 궁극적으로 실현될 회복을 내다보았다면, 우리는 그 왕을 통해 이미 실현되기 시작한 회복을 돌아보게 된다.

또한 그 회복은 우리를 복음적인 순종의 자리에 이르게 한다. 따라서 우리는 이 책의 각 장에서 단순히 선지자의 음성을 듣는 데서 더 나아가 그리스도를 바라보아야 한다. 왜냐하면 그분 안에서 미가가 다루는 모든 비극과 긴장과 슬픔과 소망이 궁극적인 성취와 해결에 도달하기 때문이다. 그러므로 어떻게 그리스도가 자기 백성을 돌보시며 그들을 위해 십자가에서 죽으시고 살아나셨는지를 보게 될 때에, 우리는 미가를 통해 주어진 약속들이 영광스럽게 성취되고 있음을 알게 된다.

죄, 심판, 소망이라는 주제들은 미가서를 읽을 때 도움이 되는 길잡이 역할을 한다. 미가서의 각 장을 읽을 때 혹시 한 가지 주제만 부각되더라도 그 모든 주제들이 숨겨져 있음을 염두에 두어야 한다. 그 주제들은 단지 미가서를 읽을 때만이 아니라, 우리 인생에서 일어나는 일들을 평가할 때도 유용한 가이드라인이 된다. 우리가 살아가는 세상에는 여전히 죄가 만연하고, 그에 따른 심판이 불가피하지만, 소망이 분명 다가오고 있기 때문이다. 더 정확히 말한다면, 우리 죄에 대한 심판을 감당하신 그리스도 안에서 그 소망이 이미 찾아왔기 때문이다.

그러므로 장차 다가올 예수 그리스도를 전제한 관점에서 미가서를 읽을 때 감동과 변화를 경험할 수 있다. 바로 그럴 때 우리는 늘 정의롭고 인자가 넘치는 하나님과 동행하며 마음 깊이 갈망하는 그 삶, 즉 정의를 행하고 인자를 사랑하는 삶을 살아갈 수 있는 능력을 얻게 된다.

Part 1

하나님의 사람,
현실에 애통하다

●

우상숭배의 결과

1:1-16

●

이는 다 야곱의 허물로
말미암음이요
이스라엘 족속의 죄로
말미암음이라

영국 극작가 피터 쉐퍼(Peter Shaffer)의 희곡 '에쿠우
스'(Equus)는 예배에 대하여 다룬다. 그 이야기는 마틴 다이
사트(Martin Dysart)라는 정신과 의사와 그가 돌보는 환자 알
런(Alan)을 중심으로 펼쳐진다. 여기서 알런이 가진 문제는 현
실이 무엇인지를 이해하지 못하는 데 있다. 그는 자신이 좋아
하는 대상을 추구할 때 매우 활기 있고, 기쁨에 차 있으며, 생
동감이 넘치는 모습을 보인다. 문제는 그가 예배하는 대상, 다
시 말해 그의 '신'(god)이 바로 '말'(horse)이라는 것이다(그래서 희
곡의 제목이 '말'을 의미하는 '에쿠우스'다).

이 작품에서 다이사트는 알런을 정상적으로 회복시키기
위해 그가 좋아하는 대상의 정체, 즉 그를 행복하게 만드는 대
상이 무엇인지를 알려 주어야 할 필요를 느낀다. 하지만 그 대

상인 말은 그야말로 알런에게 삶의 의미와 열정을 가져다주는 존재이다. 그래서 다이사트는 행복에 관한 알런의 현실 감각이 어떠한지를 알기 위해 씨름하다가 실존적인(existential) 고민에 부딪힌다. 그리고 이렇게 자문한다.

> 여기서 정말 제정신인 사람은 누구일까? 비록 짐승이지만 그 짐승을 저렇게 건강한 모습으로 예배하는 이 사람일까? 아니면 특별히 좋아하는 대상도 없고 신의 존재를 믿지도 않는 나 같은 사람일까?[1]

작품의 후반부에서 쉐퍼는 이 문제를 다시 진지하게 다룬다. 복음주의 작가인 레베카 피펏(Rebecca Manley Pippert)은 그 내용을 다음과 같이 옮긴다.

> 시대에 뒤처지는 말처럼 들릴 수 있지만, 그는 예배가 우리를 따로 구별시켜 독특한 존재가 되게 한다고 말한다. 그에 따르면, 인간이 된다는 것은 예배하는 것이다. '진짜 예배! 그 예배가 없으면, 당신은 소멸된다. 이는 잔혹하지만 사실이다.'[2]

그렇다면 믿을 수 있는 예배의 대상을 어디서 찾아야 할까? 우리가 가진 문제가 여기에 있다. 우리의 마음을 차지하기 위해 다투는 수많은 예배의 대상들이 존재한다. 미가가 살던 시대의 하나님 백성, 곧 이스라엘 민족이 가진 문제도 마찬가지였다. 이제 곧 살펴보게 되겠지만, 그들은 온갖 우상을 예배하는 행위에 열중했다.

:: 역사 가운데 주어진 말씀

미가는 우리가 자신의 책에서 어떤 내용을 읽게 될지를 소개하며 글을 시작한다.

> 유다(Judah)의 왕들 요담과 아하스와 히스기야 시대에 모레셋 사람 미가에게 임한 여호와의 말씀 곧 사마리아와 예루살렘에 관한 묵시라(1:1).

다른 선지서들은 대체로 '선지자 누구의 말이다'라고 소개하며 그 내용을 시작하지만, 미가서는 '여호와의 말씀'이라고 언급한다. 즉 미가의 의도는 처음부터 독자들의 시선을 사로잡아 선포되는 말씀으로 돌리는 데 있었다. 그의 메시지가 곧 '여호와의 말씀'이었다. 이에 대해 히브리어 원문에서 사용된 표현을 문자적으로 해석하면, '실제로 발생한 여호와의 말씀'(the word of the Lord that happened)이다. 그 메시지가 지닌 역사적 요소가 강조되고 있다. 다시 말해, 여호와 하나님의 말씀이 역사 가운데 주어졌으며, 그 말씀이 바로 미가에게 임했다는 표현이다.

우선 미가는 선지자였다. 그는 아모스와 같이 다른 직업을 가지고 있었던 선지자들과는 달랐다. 선지자로 활동하는 일이 그의 전문적인 이력이었다. 그는 자신이 살던 지역에서 그 일을 시작한 것은 아니었고 오히려 변방으로부터 와서 하나님 말씀을 전했다.[3]

이 선지서가 특별히 펼쳐 보이는 시대는 약속의 땅 남방에 자리했던 유다의 세 왕을 기준으로 한다(참고로 솔로몬 [Solomon]의 아들 르호보암이 통치하던 기간에 하나님의 백성은 두 갈래 역사를 맞이하게 되는데, 그 이후로 두 왕국 즉 사마리아를 수도로 하는 북방의 이스라엘[Israel]과 예루살렘을 수도로 하는 남방의 유다가 존재하게 되었다). 왜 이 시대를 파악하는 일이 중요할까? 그로부터 역사적 배경을 알 수 있기 때문이다. 또한 북왕국 이스라엘의 왕들이 본문에서 전혀 언급되지 않는다는 사실도 중요하다. 그 왕들은 자신들이 다스리는 국가 전체를 우상숭배의 길로 이끌었기에, 이제 주어지는 말씀에서 언급될 가치가 없는 자들로 여겨지고 있는 것이다. 그럼에도 불구하고 미가가 밝히듯이, 그가 전하는 메시지는 '사마리아와 예루살렘에 관한 묵시'였음에 유념해야 한다. 즉 그의 메시지는 사마리아와 예루살렘, 다시 말해 이스라엘과 유다 전체에 살고 있던 하나님의 백성에게 주어진 말씀이었던 것이다.

이렇게 시작되는 메시지의 첫 단락에는 세 가지 핵심이
자리한다. 첫째, 우상숭배에 대한 심판을 기술하고 있다. 둘
째, 우상숭배에 대한 집착을 묘사하고 있다. 셋째, 우상숭배로
부터의 구원을 암시하고 있다. 따라서 당시 하나님 백성과 오
늘날 우리에게 주어지는 미가의 메시지를 파악하고자 한다
면, 먼저 그들과 우리의 우상숭배에 관해 깊이 생각해 보아야
한다.

미가서가 읽기 힘들다고 느껴지는 이유는 그가 회복의
메시지를 빨리 내비치지 않기 때문이다. 오히려 늦게 드러낼
뿐 아니라 질책을 통해 전달한다. 왜냐하면 구원은 심판을 통
해 오고, 회복은 징계를 통해 주어지며, 부활은 고난을 통해 일
어나기 때문이다. 미가서를 받아들이기 쉽지 않은 이유가 바
로 여기에 있다.

:: 땅의 높은 곳을 밟다

먼저 우상숭배에 대한 심판을 살펴보아야 한다. 이 심판
의 장면은 1장 전체에 걸쳐 그려진다. 미가는 (예루살렘 성전을
가리킬 수도 있지만 여기서는 그보다도 하늘 처소를 의미하고 있는) "성전
에서" 하나님이 나오셔서 땅에 거하는 자기 백성에 대하여 증
언하신다는 내용을 선언한다(2절). 이는 광대한 심판에 관한
내용이다. 왜 이런 심판이 일어나게 되는가? "여호와께서 그

의 처소에서 나오시고 강림하사 땅의 높은 곳을 밟으실 것이"기 때문이다(3절). 여기서 '높은 곳'이란 우상숭배를 하는 이교도(pagan)의 신당을 가리킨다. 이에 대해 하나님은 이렇게 경고하신다. "그 새긴 우상들은 다 부서지고 그 음행의 값은 다 불살라지며 내가 그 목상들을 다 깨뜨리리니 그가 기생의 값으로 모았은즉 그것이 기생의 값으로 돌아가리라"(7절).

바로 이 '높은 곳'이 있었다는 사실 자체가 당시 이스라엘과 유다에서 발생한 문제가 무엇인지를 여실히 드러내 준다. 원래 이스라엘은 하나님의 성전과 임재가 있는 예루살렘에서 예배하라는 명령을 받았다. 하지만 그들은 하나님을 대신하여 다른 대상을 예배하기로 선택했다. 새긴 우상들을 추구하며 예배했던 것이다. 이처럼 사람은 하나님이 정하신 길 외에 다른 방식으로 예배하기를 선택할 때, 얼마 가지 않아 참 하나님 외에 다른 신을 예배하게 된다.

결국 우상숭배란, 하나님의 뜻이 아닌 자신의 뜻을 선택하는 행위다. 그래서 오직 하나님께만 돌려져야 할 궁극적인 충성을 또 다른 예배의 대상, 또 다른 애정의 대상에게 돌리는 일이다. 그 대상은 재물, 인기, 연애, 힘, 권력, 인정, 안락 등이 될 수 있다. 이런 차원에서 "그 음행의 값은 다 불살라지며"라고 7절에서 언급된 내용에 주목할 필요가 있다. 하나님의 백성이 심판을 받는 원인이 된 우상숭배는 재물과 관련되어 있었음을 알 수 있기 때문이다. 더 나아가 '기생'이라는 메타

포(metaphor)도 이 구절에서 사용된다.

이는 결국 하나님 백성이 저지른 우상숭배와 그들이 저지른 불의가 서로 연결되어 있었음을 알려 준다. 즉 본문은 재물과 쾌락의 우상을 숭배할 때 불의도 함께 뒤따르고 있음을 지적한다. 결국 하나님의 심판이 임하여 그 우상들을 파괴할 것임이 선언된다.

:: 가혹한 심판인가?

본문에서 우리는 심판의 규모를 간과해서는 안 된다. 그 심판에는 산들이 녹고 골짜기들이 갈라지는 일까지 포함된다. 이는 다소 가혹하게 보일 수 있다. 하나님 백성이 선한 일에 참여하고 있을 수도 있는데, 왜 그분은 그처럼 강력하게 내려와서 자기 백성을 심판하셔야 하는지 납득하기 어려울 수 있기 때문이다(흔히 크리스천들은 심판을 불신의 세상과만 관련지어 생각하는 경향이 있다. 그러나 성경이 제시하는 하나님의 심판은 스스로를 그분의 백성이라고 공언하는 자들에게 주어지는 경우가 많다. 왜냐하면 경건한 가정에서 태어나 '올바른 신앙생활'을 하지만 실은 하나님과의 인격적인 관계가 없이 우상숭배에만 빠져 있는 일이 얼마든지 있을 수 있기 때문이다. 현재 문맥에서도 심판의 메시지는 사마리아와 예루살렘에 있는 하나님 백성을 향해 주어지고 있다).

또한 현대인들은 하나님의 심판이라는 개념을 이해하는

일에 어려움을 겪는다. 다시 말해, 하나님의 자비와 용서와 은혜(grace)와 사랑에 관해서는 듣기 좋아하지만, 그분의 심판과 진노에 대해서는 그렇게 들으려 하지 않는다. 하지만 성경은 자비와 용서와 은혜와 사랑의 하나님이 바로 우상과 그 숭배자를 향해 진노하며 심판을 내리시는 하나님과 동일한 분이라고 명백히 가르친다.

그렇기에 우리는 스스로에게 물어야 한다(혹 우리 자신이 이 문제를 놓고 씨름하지 않더라도 다른 이들이 물을 수 있다). "어떻게 하나님의 진노와 사랑이 서로 조화를 이루게 할 수 있을까? 어떻게 그분의 심판과 칭의(justification)를 서로 연결해 생각할 수 있을까? 어떻게 그분이 자기 백성을 향해 격노하시는 마음과 은혜를 베푸시는 마음을 서로 조화시킬 수 있을까? 어떻게 그런 일이 가능할까?"

이 문제에 대해 레베카 피펏이 제시하는 통찰력 있는 설명은 우리에게 큰 도움을 준다. 그녀는 매사에 사랑이 넘치는 사람들도 때로는 분노에 휩싸이게 되는데, 이는 그들의 사랑에도 '불구하고' 일어나는 분노라기보다 바로 그 사랑 '때문에' 일어나는 분노라고 설명한다. 그러면서 성경을 읽는 현대의 독자들은 하나님의 진노를 생각할 때, 흔히 자신의 경험을 기준으로 삼아 그 진노를 해석하는 경향을 드러낸다고 지적한다. 즉 하나님의 진노와 심판에 대해 생각하면서, 그들은 자신의 화, 성급, 분노, 격분, 옹졸, 질투 등을 떠올린다는 것이다.

따라서 그들이 하찮은 일에 기분이 상하거나 다른 사람에게 화가 나서 부당한 분노를 쏟아 놓을 경우, 바로 그런 방식으로 진노하시는 하나님도 우리에게 반응하신다고 생각한다는 것이다.

그러나 성경은 하나님이 부당한 화를 품고 우리에게 반응하신다고 가르치지 않는다. 오히려 정당한 화를 품고 반응하시는 모습을 보여 준다. 피펫은 이렇게 말한다.

> 우리가 사랑하는 사람이 어리석은 행동이나 잘못된 관계로 인해 상처를 받은 모습을 볼 때 기분이 어떨지 상상해 보라. 그저 낯선 사람에게 대하듯이 아무렇지 않은 마음으로 그 상황을 용인하겠는가? 결코 그럴 수 없다. 우리는 사랑하는 사람을 망가뜨린 문제에 대항하기 위해 가만히 있지 않을 것이다.[4]

여기서 피펫은 약물 중독을 예로 든다. 만일 우리가 사랑하는 형제나 자녀나 친구가 약물에 중독되어 그 인생이 망가지는 과정을 지켜보고 있다고 가정해 보자. 현재 그 인생은 파멸로 치닫고 있으며 과거에 쌓은 경력이나 앞으로의 미래도 엉망이 될 것이다. 이때 우리는 그 사람에게 다가가서 너그러운 마음으로 그저 이렇게 말하겠는가? "이건 그리 좋은 행동 같지는 않아. 이로 인해 네 인생이 어렵게 될지도 모르잖아. 그러니 약물을 끊어 보는 것도 괜찮지 않을까?"

이에 그 사람이 이렇게 반응한다면 어떻게 하겠는가? "아니야. 이 약물은 전혀 문제가 되지 않아. 그저 기분 전환을 위해 사용할 뿐이야. 나는 사실 중독되지도 않았고, 지금 내 인생은 더할 나위 없이 좋은 상태야. 걱정할 필요 없어."

그러면 이를 다시 용인하며 이렇게 반응하겠는가? "미안해, 너를 불편하게 만들 생각은 없었어. 단지 네가 고려해 볼 만한 다른 길도 있지 않을까를 말하려고 했을 뿐이야. 당연히 네가 보기에 최선이라고 생각하는 길을 따라 살아야지."

이는 결코 있을 수 없는 반응이다. 사랑은 우리로 하여금 피펫이 다음에서 고백하는 내용과 같이 반응하게 만들 것이다.

> "너는 지금 네 자신에게 무슨 일을 행하고 있는지 알고 있어? 너는 매순간 네 자신을 잃어가고 있다고!"
> 나는 그 사람을 미워했기 때문이 아니라 끔찍이 아꼈기 때문에 화가 났다. 다시 말해, 사랑했기 때문에 화가 났다. 나는 멀찌감치 그 사람을 지나칠 수도 있었을 것이다. 그러나 사랑은 사랑하는 사람을 망치는 문제를 미워하게 만든다. 사랑은 사랑하는 사람을 파멸시키는 그 문제를 파멸시키고자 한다. 이제 성인이 된 자녀들의 부모로서 살아가며 나는 이 진리를 더욱 깊이 배우고 있다.

우리 자녀들이 아주 어릴 때는 그들 스스로의 인생을 망쳐 놓을 능력조차 갖지 못한다. 그러나 일단 십대에 들어서면, 그들은 스스로 해야 할 일들을 망칠 뿐 아니라 자신도 망칠 수 있는 능력을 갖게 된다. 그들은 세상의 부추김에 따라 어두운 인생길을 가도록 유인하는 우상들을 예배할 수도 있다. 진짜 사랑은 그렇게 파괴적인 죄와 거짓과 기만에 대항하는 것이다.[5]

이처럼 사랑은 사랑하는 자녀들에게 해를 끼치며 그들을 부당하게 대하는 자를 향해 대항할 수밖에 없게 만든다. 왜 그럴까? 분노가 사랑의 반대편에 있는 감정이 아니기 때문이다. 분노는 사랑으로부터 표출되는 감정이다. 미움과 무관심이 사랑의 반대편에 있는 것이며, 분노는 그렇지 않다.

마찬가지로 하나님은 자신의 백성, 곧 유다의 상처를 보시고 그와 같은 사랑을 드러내신다(9절). 하나님은 백성이 섬기는 우상들을 제거하고 자신의 백성이 돌아오게 하기 위해 심판하신다. 그리하여 그들이 그 우상들과 함께 남겨져 마지막 심판에서 파멸되지 않게 하시려는 것이다.

이런 관점에서 본다면, 하나님이 자기 백성의 우상과 불의로 인해 그들을 심판하시는 일은 전적으로 이치에 합당한 행위라고 할 수 있다. 이는 마치 우리 자녀들이 스스로를 망치는 활동에 참여하지 않기를 바라며 오히려 그들에게 해를 끼치는 자들에게 대항할 수밖에 없는 우리의 모습이 이치에 합당한 것과 같다.

:: 하나님과 우상이 공존하는 위험

목회자이자 신학자인 팀 켈러(Tim Keller)는 다음과 같이 설명했다.

> 우리가 교회 성도로서 자신에게는 아무런 문제가 없다고 느끼는 일은 아주 미묘한 유혹에서 비롯된다. 이런 유혹은 사실상 가장 큰 위험이 될 수 있는데, 그 위험이란 우리가 무신론자가 되는 것이 아니라 하나님과 우상이 마음속에 공존하기를 바라는 것이다.[6]

이 문제가 바로 하나님의 백성이 쉽게 빠져들 수 있는 우상숭배의 유형이다. 이런 문제에 빠진 사람들은 성경이 가르치는 하나님을 적극적으로 거절하지 않는다. 그러나 그들은 하나님을 예배하는 자리에 의도적이며 의식적으로 다른 예배의 대상들을 앉힌다. 이것이 우상숭배다. 바로 미가를 통해 하나님이 지적하신 음행, 즉 영적 간음을 말한다(7절).

간음을 저지르는 이들 가운데는 더 이상 자신의 결혼 생활에 흥미를 느끼지 못하겠다고 말하는 경우가 있다. 일단 잘못이 발각되면, 이렇게 말한다. "이제 떠날 때가 된 거야. 나는 더 이상 당신을 사랑하지 않아. 이 관계 속에 머무르고 싶지 않다고."

그런데 보다 더 많은 사람들은 간음을 저지르면서도 자신이 속여 온 배우자에게 "여전히 사랑한다"라고 말한다. 그들은 미안해 하면서 자신의 잘못을 인정하지만, 다시 배우자를 속이고 간음을 저지른다.

영적 간음인 우상숭배도 그와 같다. 영적 간음에 빠진 사람들은 다음과 같이 말한다. "하나님, 저는 당신을 알아가고 당신의 사랑을 받고 싶습니다. 그리고 당신을 사랑합니다. 그러나 동시에 다른 대상들도 예배하는 자유를 누리고 싶습니다. 그 대상들이 저를 행복하게 해 주기 때문입니다."

우리가 (자신을 포함한) 우상숭배를 위의 예와 같은 관점으로 본다면, 하나님이 왜 우상숭배를 그토록 혐오하시는지를 알 수 있다. 다시 말해, 왜 하나님이 우상숭배에 대해 진노하시며 심판하고자 하시는지를 알 수 있다. 그 이유는 한 마디로 인간이 우상에 대해서 강한 집착을 보이기 때문이다. 따라서 우상이 먼저 제거되지 않으면, 구원이 있을 수 없다. 미가가 살던 시대도 마찬가지였다. 그들에게도 구원은 우상숭배에 대한 철저한 심판을 통해서만 주어질 수 있었다.

:: 우상에 대한 집착

지금까지 우상숭배를 향한 하나님의 심판을 경고한 미가는 이제 우상에 대한 집착의 문제를 다룬다.

먼저 우상이란 예배하는 사람의 생각과 마음을 사로잡는다는 사실에 유념해야 한다. 시편 1편이 도움이 된다. "복 있는 사람은 악인들의 꾀를 따르지 아니하며 죄인들의 길에 서지 아니하며 오만한 자들의 자리에 앉지 아니하고 오직 여호와의 율법을 즐거워하여 그의 율법을 주야로 묵상하는도다"(1-2절).

이 고백에서처럼 복 있는 사람은 여호와의 말씀을 묵상하는 가운데 그 마음과 행동이 영향을 받아 행복을 누린다. 그런데 이를 잘못 생각하면, 복 있는 사람과 달리 하나님 말씀을 묵상하지 않아 그로부터 영향을 받지 않는 사람은 다른 어떤 대상에 의해서도 영향을 받지 않는다고 여길 수 있다. 그저 주야로 묵상하거나 즐거워하는 대상이 없을 뿐이라고 여기는 것이다. 그러나 이는 완전히 잘못된 생각이다.

모든 사람은 다른 무엇인가에 의해 영향을 받는다. 하나님 말씀과 상반되게 살아가는 자들은 죄인들의 길에 서거나 오만한 자들의 자리에 앉아 그로부터 영향을 받게 된다. 그 생각과 마음이 하나님이 아닌 다른 애정의 대상에 사로잡히게 되어 있다는 것이다. 팀 켈러는 '복음의 소통'(*Gospel Communication*)에서 이 문제를 다음과 같이 설명했다.

파시즘은 민족과 국가를 우상으로 삼는다. 사회주의는 평등한 사회를 우상으로 삼는다. 자본주의는 자유 시장을 우상으로 삼는다. 인문주의는 이성과 과학을 우상으로 삼는다. 개인주의는 개인의 자유를 우상으로 삼는다. 전통주의는 가족과 인습을 우상으로 삼는다.[7]

이 모든 우상들은 결국 숭배자들의 삶에 영향을 미쳐 그 삶을 빚어낸다. 그렇다면 우리에게 그러한 역할을 하는 우상들은 무엇일까?

우리는 이에 대해 미가의 경고를 살펴볼 필요가 있다. 그는 1장 10-15절에서 발음하기도 쉽지 않은 성읍들의 이름을 열거한다. 왜 그럴까? 첫 번째 이유는 현재 문맥에서 그의 의도가 앗수르 군대의 침략을 그려내는 데 있기 때문이다. 즉, 그 모든 성읍들은 앗수르 왕 산헤립이 쳐들어와서 다스리게 될 지역을 가리킨다. 다시 말해, 미가는 하나님의 심판이 앞으로 어떻게 성취될지를 보여 주기 위한 의도에서 그 성읍들을 언급하고 있는 것이다.

두 번째 이유는 그 성읍들이 위치한 독특한 장소에서 비롯되는 인간의 희망이 사실은 실현되지 못할 희망이라는 점을 드러내는 데 그의 의도가 있기 때문이다. 예를 들어 "베들레아브라"라는 이름은 '티끌로 지은 집'이라는 의미다(10절). 이에 대해 미가는 거기에 사는 자들이 결국은 '티끌에 구르게 되리라'고 말한다. 또 그는 "사빌"이라는 지명을 언급한다(11절). 이 단어는 '아름다운 마을'이라는 뜻을 지니고 있지만, 미가는 반대로 그곳 사람들이 벗은 몸에 수치를 당하게 되리라고 언급한다. 또 "사아난"이라는 이름의 의미는 '전진하는 마을'이지만, 그는 마을 주민에게 나오지 말라고 선포한다. 그리고 "벧에셀"은 '탈취하는 마을'을 뜻하지만, 그는 오히려 그 마을이 탈취되어 의지할 곳이 없게 되리라고 경고한다.[8] 이렇듯 미가는 의도적인 언어유희를 통해 각 성읍에 궁극적으로 임할 심판이 드러낼 아이러니를 묘사한다. 즉 성읍들이 숭배하는 각각의 특징이 오히려 파멸의 원인이 되어 그로부터 심판이 가장 극명하게 드러나게 된다는 사실을 보여 주는 것이다.

미가는 성읍들의 이름을 열거하는 가운데 그러한 언어유희를 지속하다가, 15절에 가서 이렇게 말한다. "마레사 주민아 내가 장차 너를 소유할 자로 네게 이르게 하리니 이스라엘의 영광이 아둘람까지 이를 것이라."

여기서 "소유할 자"란 산헤립 왕을 가리킨다. 또한 "마레사"라는 이름은 '빼앗다'라는 의미다. 그리고 "아둘람"은 다윗이 사울(Saul)의 추격을 피하기 위해 숨었던 동굴의 이름이다(삼상 22:1). 이제 미가가 전하고자 하는 메시지는 우상숭배에 대한 심판이 바로 그 숭배자들이 도망치고 싶을 만큼 분명히 임하게 되리라는 것이다. 즉 그 심판을 모면하거나 피할 수 있는 장소가 없다는 것이다. 이런 내용을 통해 우상숭배에 대한 경고의 메시지를 전한 미가는 이제 그들에게 임할 심판을 다음과 같이 설명한다. "너는 네 기뻐하는 자식으로 인하여 네 머리털을 깎아 대머리 같게 할지어다 네 머리가 크게 벗어지게 하기를 독수리 같게 할지어다 이는 그들이 사로잡혀 너를 떠났음이라"(16절).

여기서 "네 머리털을 깎아 대머리 같게 할지어다"라는 표현은 심판으로 인해 겪게 될 수치를 의미한다.

:: 우리의 우상 이야기

미가 시대에 심판의 경고를 받은 그 성읍들은 우리가 사는 장소와 동떨어져 있고 그 이름도 발음하기 어렵다. 하지만, 그의 이야기는 오늘도 지독하게 우상에 집착하는 우리의 모습을 상기시켜 준다. 개인적인 우상숭배는 사실상 이기적이고 더 안전한 삶을 살고자 하는 욕망에 뿌리를 내리고 있다. 그리고 거기서 피어나는 그릇된 희망이 제시하는 약속이 무엇이든, 우리는 마음속 깊은 곳에 있는 자신의 바람을 그 약속이 이루어 준다고 믿으며 그리로 발길을 옮긴다.

이 개인적인 수준에서 더 나아가, 한 도시나 문화가 보여주는 이야기 속에서도 사람들이 공동으로 추구하는 사회적인 우상숭배가 발견된다. 예를 들어, 내가 살고 있는 보스턴과 같은 도시의 이야기는 지식을 우상으로 삼아 전개된다. 왜냐하면 보스턴은 모든 측면에서 더 뛰어나고 훌륭한 뉴욕과 비교하며 스스로 열등감을 가질 수밖에 없기 때문이다. 그래서 다른 방면은 몰라도 지식만큼은 우리가 최고라고 자신하며 산다. 다음과 같은 말이 좋은 예이다. "맞아요. 당신의 생각처럼 뉴욕이 최고의 도시죠. 그런데 그게 어떻게 가능한지 아시나요? 바로 보스턴 때문이죠. 뉴욕에서 가장 똑똑한 사람들은 모두 보스턴에서 학교를 나오고 훈련을 받았답니다."

보스턴 출신들의 이런 자랑은 결국 엘리트라든가 상류층에 속하지 않은 사람들을 바라보는 시선에 영향을 미치게 된다. 은연중에 자신들을 제외한 이들이 하는 일은 가치가 떨어진다고 여기는 것이다. 그러면서 자신들은 훌륭한 교육을 받았기 때문에 더 중요한 일을 하고 앞서가는 사람들이라고 생각한다. 이처럼 지식과 업적과 경력을 자랑하는 공동의 우상 숭배는 우리가 속한 사회의 불의를 지지하고 떠받치는 경향을 띠게 된다. 좋은 평판을 지나치게 추구하는 욕망이 불의를 낳는 것이다. 이처럼 끝없는 욕심은 부자와 빈자의 양극화를 심화하고, 권력에 대한 목마름은 인종 차별과 사회 계층의 분화를 가져온다. 결국 우리가 직시하는 모든 불의의 이면에는 우리가 추구하는 공동의 우상이 자리하고 있다.

이와 같이 참되신 하나님을 예배하지 않고 다른 대상을 섬길 때, 사람들은 자신만의 우상을 만들게 된다. 하지만 결국 그들은 스스로의 생각과 달리 자신들이 그렇게 가치 있는 존재가 아닐지도 모른다는 의혹을 품게 된다. 이때 우상은 이렇게 말을 건넨다. "이것이 네가 바라던 결과잖아?"

그들은 점차 자신이 성공적이지 않다고 느끼며 불안해하기 시작한다. 그리고 스스로 무가치하다고 여기며 부끄러워하다가 마침내는 염려에 사로잡힌다. 이때 그들은 크게 두 가지 반응을 보인다. 하나는 자신이 처한 상황에서 도피하는 것이고, 다른 하나는 그 상황을 통제하고자 하는 것이다. 그러나 이 두 가지 반응은 모두 우상에게 지배당하는 삶을 다시 야기할 뿐이다. 즉, 우상으로부터 도망치거나, 우상을 지배하려고 하거나 그 결과는 마찬가지라는 것이다. 심지어 자신이 우상을 어떻게 섬기고 있는지를 깨달을지라도, 그 우상에게 집착하지 않는 일은 생각보다 어렵다는 사실을 알게 된다.

:: 중재자가 출현하다

미가서의 70퍼센트는 심판에 관한 이야기이고, 30퍼센트가 회복과 구원에 관한 내용이다. 그런데 주의 깊게 본문을 읽는 독자라고 하더라도 이 선지서가 시작되는 1장에서부터 회복과 구원에 관한 암시를 찾는 일은 어려울 것이다. 이는 미가서가 읽기 쉽지 않다고 말한 이유이기도 하다. 또 2장으로 가면, 마치 이렇게 경고하는 듯한 미가의 음성을 듣게 된다. "나는 사람들을 행복하게 하려고 메시지를 전하는 선지자가 아니다. 하나님이 주신 말씀을 맡은 선지자다. 그러니 힘들어도 그분의 메시지만을 전해야 한다."

그런데 놀라운 사실은 이런 메시지 중에서도 회복의 소망이 발견되는 것이다.

먼저 법정 소송이 1장부터 펼쳐지고 있음에 주목할 필요가 있다. 여기서 하나님은 재판석에 앉은 판사로서 피고인 이스라엘 백성을 소환하신다. 구약학자인 브루스 월키(Bruce Waltke)는 이 단락을 '법정 소환'이라고 부르며, 재판과 관련된 몇 가지 요소들을 다음과 같이 정리했다.

1. 피고 소환: "백성들아 너희는 다 들을지어다 땅과 거기에 있는 모든 것들아 자세히 들을지어다 주 여호와께서 너희에게 대하여 증언하시되"(2절).
본문에서 미가는 모든 이들을 불러 그들이 경청해야 할 사건이 있음을 밝히는 표현들을 사용하며 법정 상황을 연출한다. 이를테면 소환장(subpoena)이 여기 있으니, 모두 법정에 출두해야 한다고 부르는 것이다.

2. 형벌 예고: 아직 다가오지 않은 심판을 미리 보여 주는 내용이 언급된다. 미가는 범죄 사건을 다루며 그에 대한 심판이 어떠할지를 예고한다. 여기서 재판장이신 하나님이 심판하기 위해 내려오시면, "산들이 녹고 골짜기들이

갈라지기를 불 앞의 밀초"와 같이 된다(4절).

3. 기소 내용: "이는 다 야곱의 허물(transgression)로 말미암음이요 이스라엘 족속의 죄로 말미암음이라 야곱의 허물이 무엇이냐 사마리아가 아니냐 유다의 산당이 무엇이냐 예루살렘이 아니냐"(5절).
다시 말해, 피고의 죄와 허물로 일컬어지는 우상숭배가 기소 내용으로 진술된다.

4. 판결 선고: 다음과 같은 구절에서 판결이 내려진다. "이러므로 내가 사마리아를 들의 무더기 같게 하고 포도심을 동산 같게 하며 또 그 돌들을 골짜기에 쏟아내리고 그 기초를 드러내[리라]"(6절).

이렇듯 하나님 백성이 소환되고, 형벌에 대한 예고가 주어지며, 우상숭배라는 범죄 사실이 진술될 뿐 아니라, 그 사건에 대한 판결이 내려진다. 그렇다면 여기에서 구원이 어디에 있는가? 그 구원이란, 이 재판이 진행되는 과정에서 피고를 대신하여 중재자의 역할을 하는 사람을 통해 암시된다. 그의 이름이 바로 '미가'다.
'미가'라는 이름은 히브리어로 "누가 여호와(Yahweh)와 같은가?" 또는 "누가 하나님과 같은가?"라는 의미이다. 이러한 이름을 가진 미가가 중재자의 역할을 한다. 즉 피고가 된 하나님 백성과 그들에게 내려진 판결을 생각하며 이렇게 말을 한다. "이러므로 내가 애통하며 애곡하고 벌거벗은 몸으로 행하며 들개 같이 애곡하고 타조 같이 애통하리니 이는 그 상처는 고칠 수 없고 그것이 유다까지도 이르고 내 백성의 성문 곧 예루살렘에도 미쳤음이니라"(8-9절).

지금 하나님의 심판은 그 백성이 안전하다고 느끼고 있는 도시의 성채와 성문과 성벽에 임박한 상태이다. 미가는 그 백성이 법정으로 소환되는 과정에서 그들을 대신하는 자리에 서고자 한다. 말하자면 그들을 중재하는 자리에 나아가 심지어 벌거벗은 몸으로 그들을 위해 애통하고자 한다. 이는 마치 우상숭배가 다음과 같은 수치심을 가져온다는 사실을 알고 있는 듯한 모습이다.[9]

1. 노출되었을 때 느끼는 수치심
2. 거절당했을 때 느끼는 수치심
3. 더럽혀졌을 때 느끼는 수치심

그런데 이러한 수치심은 미가가 제거할 수는 없다. 오히려 그는 애통하며 벌거벗고 거절당함으로써 그 부끄러움에 참여할 뿐이다. 그렇다면 구원이 어디에 있는가? 우리는 이 미가의 이야기가 성경 전체에서 펼쳐지는 큰 스토리의 일부임을 기억해야 한다. 그 전체 문맥 속에서 미가의 이야기를 읽어갈 때, 우리는 그 법정에 누군가가 출현하게 됨을 알게 된다. 그분은 그 백성을 위해 진정으로 변호할 수 있는 중재자다. "누가 여호와와 같은가?"

누구도 여호와와 같을 수 없다. 오직 다음과 같은 경우가 아니라면, 법정에 있는 누구도 그 물음에 답할 수 없다. "누가 여호와와 같은가? 아무도 여호와와 같을 수 없다. 내가 바로 그이니, 나는 하나님과 같은 이가 아니라 하나님이다!" 이처럼 자신을 밝히며 법정에 들어오시는 예수님이 아니라면, 아무도 그 물음에 답할 수 없다.

실제로 예수님은 이렇게 말씀하시기 위해 자신의 백성을 찾아오셨다. "내가 발가벗고 수치를 당해 너희에게 의의 옷을 입혀 주리라. 내가 스스로 거절당하여 너희가 버려지지 않게 하리라. 내가 너희의 우상을 끌어안고 더럽혀져 너희가 그로부터 벗어나 심판받지 않게 하리라. 이를 위해 찾아온 나는 하나님이며, 너희의 중재자다!"

바로 이 중재자, 이 구원자가 우상을 깨부수도록 우리를 도우실 수 있는 유일한 분이다. 그분은 하나님의 심판을 감당하시고 복음의 능력으로 우리에게 자유를 주시는 유일한 분이다. 그리고 "누가 하나님과 같은가?"라는 물음에 스스로 답변이 되실 수 있는 유일한 분이다. 또한 우리 마음의 보좌를 차지하고 있던 우상으로부터 우리를 벗어나게 하실 수 있는 유일한 분이다. 더 나아가 우리의 진정한 갈망을 온전히 채우실 수 있는 유일한 분이다.

수많은 사람들이 자신에 대하여 무가치함, 수치심, 두려움, 염려, 절망 등을 느끼며 살아간다. 이 세상과 육신과 사탄이 끊임없이 그들에게 이렇게 속삭이기 때문이다. '너는 좋은 사람이 아니야. 오히려 불쾌한 사람이지. 무가치하고 비열한 사람, 있으나 없으나 한 사람이야. 완전한 실패자라구. 너는 결코 부모를 행복하게 해 줄 수 없고, 그들로부터 인정받지도 못할 거야. 어디서도 너를 받아주지 않을 거야. 너는 보잘것없는 사람이니까.'

만일 구원하시는 하나님을 알지 못한다면, 우리는 이런 음성을 피할 수 없으며 그 내용의 상당 부분을 사실이라고 인정할 수밖에 없게 된다. 그러나 이처럼 우리를 주저앉히며 고소하는 법정에 출현하신 예수님은 이렇게 말씀하신다. "이제 내가 하려는 일은 네가 가진 부끄러움에 단지 참여하는 게 아니야. 그 수치심을 너에게서 완전히 제거할 거야."

이에 성부 하나님은 다음과 같이 말씀하신다. "나는 너를 사랑한단다. 무엇도 이 사실을 바꿀 수 없어. 너는 내 사랑하는 자녀, 내가 선택한 백성이란다. 사랑하는 내 아들이 네가 받아야 할 심판을 감당하여 너로 버려지지 않게 하였으니, 내가 그 아들을 온전히 기뻐하듯이 너를 기뻐한다."

이러한 장면은 복음이 무엇인지를 우리에게 보여 준다.

복음에는 우상을 향한 욕망을 뿌리 뽑고 소멸시키는 능력이 있다. 그 능력은 현재만이 아니라 미래에도 지속된다. 미가는 애통하며 슬퍼하는 일밖에 할 수 없었지만, 예수님은 그 슬픔을 제거하기 위해 우리를 찾아오셨다.

02

●

억압의 현장을 고발하며

2:1-13

그들이 침상에서
죄를 꾀하며 악을 꾸미고 …
밭들을 탐하여 빼앗고

미가서의 두 번째 장은 오늘을 사는 독자들이 읽기에는 조금은 낯설고, 불편한 부분 투성이다. 이것에 익숙해지기 위해서는 시간이 필요하다. 예를 들어 2장에서 언급되는 다음과 같은 구절들은 성경에 진술되었다고 보기에는 다소 충격적이다. 특히 하나님의 백성에게 선포되었다고 한다면 더욱 그렇게 느껴질 수 있다.

그러므로 여호와의 말씀에 내가 이 족속에게 재앙을 계획하나니 너희의 목이 이에서 벗어나지 못할 것이요(3절).

그때에 너희를 조롱하는 시를 지으며 슬픈 노래를 불러

이르기를 우리가 온전히 망하게 되었도다(4절).

이것은 너희가 쉴 곳이 아니니 일어나 떠날지어다(10절).

미가서는 하나님을 중심으로 모든 일들이 올바로 회복되어야 한다는 데에 중점을 둔다. 미가는 하나님 백성이 가진 문제가 무엇인지를 지적하는 접근을 취한다. 다시 말해, 미가는 우리에게 질책을 통하여 회복을 이야기하는 방식으로 메시지를 전달한다. 이때 마치 그 과정을 반드시 따라야 한다는 듯이 말이다. 우리는 종종 빨리 회복의 메시지로 넘어가고 싶어 한다. 그래야 우리의 마음이 편안해지기 때문이다. 그러나 하나님은 미가를 통해 참된 회복이란 기다려야 주어진다고 말씀하신다. 회복에는 충분한 시간이 필요하다. 그리고 그 과정에서 질책은 피할 수 없다.

이러한 접근으로 펼쳐지는 2장은 미가서 전체를 통해 제시하려는 메시지가 어떤 방식으로 주어지는지를 보여 주는 견본과 같다. 2장에 대한 해설을 시작하기에 앞서 한 가지 주의사항을 말하고자 한다. 분명 독자들은 미가서를 읽으며 강하게 도전을 받는 부분들이 있을 것이다. 어쩌면 듣고 싶지 않은 내용을 듣게 될 수도 있다. 그로 인해 마음이 흔들릴 수도 있겠지만, 그때 느끼는 걱정과 좌절 또는 긴장을 핑계로 읽기를 멈추지 않기를 바란다. 오히려 그런 순간에 하나님이 회복을 성취하시는 방법을 기억하라. 그분의 회복은 질책을 통해 찾아온다. 이는 우리에게도 마찬가지다. 인생에서 발생하는 문제들은 해결되기 전에는 상황이 더 악화되는 법이다. 생명을 살려놓는 치유책은 그 생명을 위협하는 문제가 무엇인지를 진단한 후에 주어지기 마련이다. 미가의 글에서도 치유책은 그와 같이 놀라운 과정을 통해 주어진다. 다시 말하지만 질책에 이어 회복이 시작된다.

특별히 이번 장에서는 '억압'이라는 주제를 살펴볼 것이다. 우리는 이 주제를 다음과 같은 세 가지 관점에서 다룰 것이다. 이는 하나님의 심판이 언급되는 문맥을 따라가며 억압에 대해 생각할 때 필요한 가이드 역할을 할 것이다.

1. 억압은 실제적인 문제인가?
2. 우리는 억압에 대해 어떤 생각을 가지고 있는가?
3. 하나님이 억압을 다루기 위해 취하시는 행동은 무엇인가?

:: 구체적이며 실제적인 억압

먼저 우리가 알아야 할 사실은 억압이란 구체적으로 일어나고 있는 실제적인 문제라는 점이다. 미가 2장 1-2절을 읽어 보자. "그들이 침상에서 죄를 꾀하며 악을 꾸미고 … 밭들을 탐하여 빼앗고 집들을 탐하여 차지하니 그들이 남자와 그의 집과 사람과 그의 산업을 강탈하도다."

우리는 억압에 관해 생각할 때, 흔히 악을 풍자하는 추상적인 장면을 떠올리는 경향이 있다. 또 악의를 품은 강자가 의도적으로 약한 사람을 괴롭히는 모습을 떠올릴 수도 있다. 물론 억압은 그런 형태로 일어나기도 한다. 그렇게 의도적이고 노골적인 억압에 대해 많은 사람들이 반감을 품기도 한다. 그래서 우리는 이렇게 말하기가 쉽다. "그것을 행하는 자는 화 있을진저"(1절).

그리고 실제로 누군가는 "침상에서 죄를 꾀하며" 악한 일을 계획하기도 한다. 이렇듯 어떤 이들은 악한 일에 관해 끊임없이 생각하기 때문에 꿈 속에서도 그 악을 버리지 못한다. 그런데 억압은 그보다 더 구체적이고 현실적인 문제다. 간혹 분명하고 뚜렷하게 설명되기보다 암묵적이고 미묘하게 그려질 수 있는 억압의 문제를 미가는 좀 더 심층적인 차원에서 다룬다. 다음의 지적을 보자. "[그들이] 밭들을 탐하여 빼앗고"(2절).

이 문맥에 주목할 필요가 있다. 당시는 농경 사회였다. 따라서 밭은 소유자에게 매우 특별하고 중요한 가치를 지녔다. 모든 가족의 생계를 지탱하는 수단이었기 때문이다. 따라서 밭을 빼앗는 행동은 누군가의 인생을 궁지에 몰아넣는 행위였다. 그로 인한 타격은 이루 말할 수 없이 컸다.

오늘날에는 다른 사람의 밭을 빼앗는 일이 흔히 발생하

지 않는다. 하지만 그와 비슷한 차원에서 기회의 불평등을 낳는 문제들은 계속해서 일어난다. 말하자면 고대 사회이든 현대 사회이든, 불평등과 같은 악은 사람들이 모여 있는 곳에서는 끊임없이 펼쳐진다. 미가는 억압의 현장을 보여 주는 또 다른 예를 이렇게 밝힌다. "내 백성의 부녀들을 그들의 즐거운 집에서 쫓아내고 그들의 어린 자녀에게서 나의 영광을 영원히 빼앗는도다"(9절).

이런 광경은 우리 사회에서도 볼 수 있다. 미가의 시대가 이 시대와 동떨어져 있다고 생각할 수도 있지만, 사실은 그렇지 않다. 오늘날에도 마찬가지로 빈곤한 상태에 처해 있는 여성과 아이들은 심각한 불이익을 받으며 산다. 지금도 여자가 남자보다 빈곤에 처할 가능성이 훨씬 더 높다. 이러한 문제의 원인이 결코 단순하게 설명되진 않지만, 고금을 막론하고 명시적으로든 암묵적으로든 억압을 발생시키는 구조적인 문제가 늘 존재한다.

:: 미가서 속 억압의 다양한 모습들

빈곤한 사람은 무력할 수밖에 없다. 이는 성경을 통해 확인되는 사실이기도 하다. 하나님은 가난한 자를 보호하시고 그분의 백성을 향해서도 그렇게 행하라고 명령하신다. 가난한 자는 그나마 가지고 있는 것마저 빼앗기기 쉽다. 그래서 하나님은 다음과 같이 꾸짖으시는데, 이는 다른 사람이 가진 소유라면 무엇이든 약탈할 수 있다고 여긴 이스라엘 백성의 모습을 묘사한다. "근래에 내 백성이 원수 같이 일어나서 전쟁을 피하여 평안히 지나가는 자들의 의복에서 겉옷을 벗기며"(8절).

당시 미가가 활동하던 사회에서 자행되던 일들을 생각해 보면, 왜 이런 말씀이 주어졌는지를 이해할 수 있다. "이것은 너희가 쉴 곳이 아니니 일어나 떠날지어다 이는 그것이 이미 더러워졌음이니라 그런즉 반드시 멸하리니 그 멸망이 크리라"(10절).

가난으로 인해 무력한 사람은 그 어디에서도 쉴만한 곳이 없다. 다시 강조하지만, 우리는 이 사실을 기억해야 한다. 당시 사회에 뿌리 내린 고질적이고(endemic) 구조적인 억압의 문제는 비단 과거에만 해당하는 이슈가 아니다. 최근 수십 년간 빈곤 문제와 씨름해 온 린다 티라도(Linda Tirado)가 쓴 한 편의 글이 인터넷에서 유행한 적이 있다. 거기서 그녀는 가난과 싸우는 한 아내이자 엄마로서 자신의 인생을 그렸다.

> 휴식은 부자들이 누리는 사치이다. 나는 아침 6시에 일어나 하루를 시작하고 학교에 가서 일한다. 퇴근 후에는 아이들을 챙기고 남편을 데리러 간다. 그런 다음 30분 동안 준비해서 두 번째 일을 하러 간다. 모든 일을 마치고 집으로 돌아오면, 밤 12시 30분이 된다. 그 뒤 남은 집안

일을 마치고 새벽 3시 정도에 잠자리에 든다. 나는 어지간히 아프지 않고서는 단 하루도 쉬는 법이 없다. 그러나 정말 견디기 힘든 문제는 다른 데 있다. 누구도 나의 우울증에 대해 관심을 두지 않는다는 것이다. 나와 같은 생활을 하는 사람은 피로를 느낄 수도 없다. 당연히 인생의 꿈이라든가 휴가를 가질 수도 없다. 좋은 직장에도 지원하지 못한다. 상사의 시선을 사로잡을 만큼 외모를 꾸밀 수 없기 때문이다. 오래전이지만 잘 나가는 변호사의 비서가 되려고 시도했었다. 하지만 사무소의 이미지에 적합하지 않다는 이유로 거절당했다. 수려하지 않은 외모 때문이었다. 치아 사이는 벌어져 있고, 비타민 보충제와 커피가 없이는 살아갈 수 없어서 피부는 늘 수면 부족에 시달리는 상태였다. 그러니 돈을 가진 사람들이 외모를 가꾸어 취직하고, 그 결과 자신을 더욱 치장하는 일도 당연한 이치다."¹

당신은 이 내용에 쉽게 공감할지도 모른다. 그러나 티라도의 경험이 어떠한지 실제로 이해하는 데는 많은 이들이 어려움을 느낄 것이다. 동정심을 갖기는 쉬워도, 감정 이입을 위한 구체적인 삶의 공감대는 결여되어 있기 때문이다. 물론 그녀가 언급하는 사치와 편의가 다른 이들에게는 합법적이고 공정하게 획득된 것일 수도 있다. 그러나 미가서 2장에서 묘사하는 행위 역시 겉으로는 합법적으로 보인다는 사실을 기억해야한다. 문제는 그 과정이 억압으로부터 자유하지 않다는 점이다.

고대 사회에서는 만일 누군가가 돈을 빌렸거나 의복 또는 집에 대한 재정적인 채무가 있는데 그 의무를 이행하지 못했을 경우, 그 사람의 밭을 합법적으로 취할 수 있었다. 그래서 미가는 "날이 밝으면 그 손에 힘이 있으므로 그것을 행하는" 일에 대해 언급한다(1절).

본문에서 묘사된 '압류' 혹은 '회수' 행위가 날만 밝으면 자행되곤 했다. 백주 대낮에 그런 일이 일어날 수 있었던 이유는 그와 같은 행위가 전혀 법에 저촉되지 않았기 때문이다. 하지만 미가는 그런 행위를 '억압'이라고 판단한다. 이는 억압의 문제를 지적하고 파헤치는 미가의 접근이 우리의 생각보다 훨씬 더 포괄적이고 도전적임을 보여 준다. 그는 미묘하게 펼쳐지는 억압의 다양한 모습들을 드러내고자 한다.

여기에는 본문이 말하지 않는 두 가지가 있다. 우선은 경제적 이득을 획득하는 일을 무조건 나쁘다고 말하지 않는다. 다음으로는 우리가 수익을 내고 이점을 확보한다고 해서 죄책감을 느껴야 한다고 말하지 않는다. 미가가 우리에게 도전하는 부분은 우리의 소유가 때로는 어떠한 이익도 얻지 못한 다른 이들의 희생으로 주어진다는 사실을 인정해야 한다는 것이다. 심지어 겉으로 보기에는 매우 공정하게 주어졌다고 기뻐할 만한 소유도 누군가의 희생이 밑바탕에 깔려 있다는 것이다. 이런 차원에서 본문을 본다면, 마음속에 어떤 악의를 품지 않고도 타인을 억압할 수 있음을 알 수 있다. 이는 매우 미묘하면서도 실제적으로 발생하는 문제이다. 억압은 노골적인 계획하에서만 발생하는 것이 아니다. 또는 침상에서 그런 일을 꾀하는 사람에게만 발생하지도 않는다. 억압은 의도하지 않고 악의를 품지 않았는데도 발생할 수 있다.

이런 설명이 많은 사람들의 심기를 불편하게 할지도 모른다. 특히 어떠한 희생을 치르더라도 이권을 획득하는 일이 성공의 관건으로 통하는 오늘날에는 더욱 그럴 수 있다. 그렇다면 실제적인 억압에 대해 사람들은 어떤 생각을 가지고 있는지 살펴보자.

:: 불편한 진실이 담긴 외침

미가는 6절에서 이렇게 외친다. "그들이 말하기를 너희는 예언하지 말라 이것은 예언할 것이 아니거늘 욕하는 말을 그치지 아니한다 하는도다."

아마 우리도 이렇게 생각할지 모른다. '더 이상 이런 불편한 이야기를 하지 않으면 좋겠어. 하나님도 이런 주제에는 관심을 갖지 않으실 테고 나도 딱히 잘못한 일이 없으니 말이야. 오히려 지금은 모든 일이 잘 되고 있잖아? 게다가 하나님

은 내가 행복하길 바라실거야.'

미가는 이런 식의 생각을 7절에서 언급한다. "너희 야곱의 족속아 어찌 이르기를 여호와의 영이 성급하시다 하겠느냐 그의 행위가 이러하시다 하겠느냐 나의 말이 정직하게 행하는 자에게 유익하지 아니하냐."

만일 우리가 지금까지 살펴본 문제에 대해 하나님이 정말 관심을 갖지 않으실 것이라고 생각한다면, 이는 하나님과 말씀에 대해 제대로 알지 못하는 것이다. 또 만일 하나님이 우리의 행복에만 관심을 두신다고 생각한다면, 이는 우리가 정직하게 행하고 있지 않다는 증거다. 이 구절을 통해 자신의 모습을 돌아봐야 한다.

특별히 미국인들에게는 이런 문제를 생각하는 일이 쉽지 않을 것이다. 가령 '아메리칸 드림'과 같은 이상이 인류를 향한 하나님의 뜻이라고 생각할 경우에는 더욱 그럴 수 있다. 행복 추구가 우리 인생을 향한 하나님의 뜻이라고 말해서는 안 된다. 사람들은 흔히 '부자'가 되면 행복해지리라고 여기며 그러한 행복을 위해 하나님이 어떠한 기여를 하셔야 한다고 생각한다. 이는 큰 오산이다. 특히 자본주의 사회에서 하나님의 뜻이 무엇인지 헤아릴 때 저지르는 가장 큰 실수는 그분의 뜻을 시장(the market)과 결부시켜 이해하는 것이다. 물론 시장은 여러모로 훌륭한 기능을 수행하는 사회적 요소이다. 하지만 우리는 애덤 스미스(Adam Smith)의 '보이지 않는 손'(invisible hand)

이 하나님의 손을 의미한다는 식의 생각을 가져서는 안 된다.

억압이란 우리가 그에 관해 이야기를 하든 안 하든, 그로 인해 괴로움을 겪든 안 겪든, 또는 그 현장을 목격하든 간과하든 간에, 실제적으로 존재하는 문제다. 이에 대해 우리도 실제적으로 대처하든가 아니면 눈을 감고 못 본 체하든가, 그 반응을 선택하는 일은 우리 자신의 몫이다. 분명한 사실은 오늘날의 불평등은 그 어느 시대보다 심각한 문제라는 점이다.

이미 경고했듯이, 이런 문제는 듣기도 쉽지 않고 그에 대해 답변하기도 쉽지 않다. 미가서는 그저 편안하게 지내며 스트레스를 덜 받기 원하는 사람들의 비위나 맞추려고 기록된 책이 아니다. 오히려 미가서는 이렇게 지적한다. "사람이 만일 허망하게 행하며 거짓말로 이르기를 내가 포도주와 독주에 대하여 네게 예언하리라 할 것 같으면 그 사람이 이 백성의 선지자가 되리로다"(11절).

본문에서 "포도주와 독주"는 주고받기 편하고 즐거운 주제다. 그러나 우리에게는 그런 주제가 아니라 진리가 필요하다. 이런 차원에서 본문이 다루는 억압이라는 문제와 자신이 억압의 주체가 될 수 있다는 사실은 분명 까다롭고도 불편하다. 우리로 하여금 다음과 같은 질문들과 씨름하도록 만들기 때문이다. '우리는 매일 보이지 않는 억압을 받고 있는 이웃들에 대해 어떤 일을 하고 있는가? 그들을 어떻게 돌볼 수 있는가? 어떻게 하면 가난하고 힘없는 자들에게 다가갈 수 있는가? 억압이 실재하는 현실을 생각할 때, 우리는 진심으로 아파하는가? 아니면 우리의 안일을 도모하며 모른 척하는가?'

:: 성경 읽기가 어려운 이유

현재의 본문이 불편하고 당황스러운 만큼, 가난하고 힘이 없는 사람들에게는 얼마나 큰 격려가 될지 생각해 볼 필요가 있다(어쩌면 당신의 현실이 힘들다면, 굳이 생각해 볼 필요가 없을지도 모른다). 가령 인생이 끊임없이 벽에 부딪히고 인맥이나 지식, 힘이 부족하여 어디에 어떻게 도움을 요청할지 모르는 상태에서 미가가 전하는 메시지를 듣는다고 상상해 보자.

본문이 묘사하는 장면은 우리 중 많은 이들이 겪을 수 있는 일은 아니지만 가난한 자들에게는 피할 수 없는 현실이다. 가난은 우리의 고정관념과 달리 무조건 게으르거나 의존적인 상태가 원인이 아니다. 그보다는 대부분의 지역에서 가난이란, 꿈을 추구하거나 현실적인 바람을 가질 수 없는 상태를 의미한다. 만일 당신의 인생이 그런 상태에 처해 있다면, 미가서 2장 3-4절이 위로가 될 수 있다. 왜냐하면 본문이 멀리서 다가오는 소망을 제시하기 때문이다. 심지어 당신이 생각해 보지도 못한 진짜 권능이 무엇인지를 묘사하고 있다. 곧 당신을 억압하지 않고, 또한 당신이 억압당하는 모습을 지켜보고만 있지 않으시는 하나님을 보여 준다.

만일 우리가 그처럼 어려운 상태에 처한 인생을 경험해 본 적이 없다면, 성경을 읽는 일에 어려움을 느낄 수 있다. 따라서 관점을 바꾸어 성경을 읽는 일은 매우 중요하다. 미국 미주리 주에서 사역하는 브라이언 잔드(Brian Zahnd) 목사는 다른 관점에서 성경을 읽을 수 있도록 도와준다. 그의 글을 상당 부분 인용해 보도록 하겠다.

　　성경을 읽을 때 자주 어려움을 느낀다. 나는 저 옛날 애굽 사람, 또는 안락하게 생활하던 바벨론인, 아니면 호화로운 저택에 살던 로마 시민에 가깝지, 애굽에서 고통받는 히브리 노예와는 거리가 멀기 때문이다. 당연히 고국이 정복당해 바벨론으로 추방된 유대인으로 보기도 힘들다. 마찬가지로 로마제국의 지배 아래 살던 1세기의 유대인도 아니다.

　　성경을 읽을 때마다 놀라게 되는 사실은 그 책이 가난하고 억압받는 사람의 관점에서 이야기하고 있다는 점이다. 여기에 성경이 가진 도전적인 특징이 있다. 만일 상류층에 있는 사람들이 애굽이나 바벨론 또는 로마제국의 시민이 아니라, 이스라엘 백성의 관점에서 그 이야기를 읽는다면 어떤 일이 일어나겠는가? 안타깝게도 그런 관점을 갖지 않을 때는 이상한 현상이 펼쳐질 수밖에 없다. 이를테면 자신의 통치를 하나님의 뜻이라고 주장하기 위해 성경을 이용하는 권력 계층이 등장하는 것이다. 콘스탄티누스(Constantine) 이후의 로마 기독교, 십자군 전쟁을 일으킨 중세의 기독교 세계(Christendom)가 그러하다. 유럽의 제국주의 역사 또한 마찬가지다. 미국의 짐크로법(Jim Crow laws)이나 번영 복음도 예외일 수 없다. 이 모든 현상은 결국 우리 자신의 즐거움을 위해 성경을 농락했기 때문에 발생했다.

이를 한번 상상해 보라. 한 강력한 영적 지도자가 세상에 등장한다. 그가 새로운 사회의 질서를 선포한다. 비천한 자리에 있던 자들은 승격되고, 높은 지위를 누리던 이들은 기존의 생활을 바꿔야 하는 상황이 펼쳐진다. 예를 들어 방글라데시 사람들이 "자 이제 한번 시작해 볼까?"라고 말하며 희망에 차있을 때, 미국인들은 "잠깐만 기다려봐, 정신을 좀 차리자고!"라고 외치며 당황해 한다.

내가 성경을 읽을 때 직면하는 도전이 여기에 있다. 나는 갈릴리 지방의 촌사람이 아니라, 호화로운 저택에 사는 로마인이라고 할 수 있다. 물론 그래도 하나님 나라의 복음을 좋은 소식으로 들을 순 있지만, 그에 앞서 복음의 도전적인 성격을 받아들여야 한다. 무엇보다 나의 기득권을 지키기 위해 성경을 길들여서는 안 된다.

내가 상대적으로 부유한 형편에 있는 게 잘못은 아니지

만, 나의 그런 조건은 성경을 제대로 읽기 위해 더 많은 노력이 필요하다는 사실을 의미한다. 나는 내 자신이 하늘을 향해 불을 내려 달라고 간구하던 엘리야(Elijah)와 같다고 착각하지 않는다. 그보다는 느부갓네살왕처럼 정신을 잃고 미치지 않으려면 스스로를 겸손히 낮출 필요가 있다고 느낀다.

그렇다면 성경은 나에게 무엇을 요구할까? 스스로 가난해져야 할까? 반드시 그럴 필요야 없겠지만, 성경은 분명 나에게 더욱 낮아지라고 말한다. 다른 사람들을 환대하고 관용함으로 드러나는 겸손을 보이라고 말한다.

이처럼 나는 성경을 읽을 때 어려움을 느낀다. 그러나 성경 읽기를 포기할 필요는 없다. 타인의 처지에서 읽으려고 노력하면 된다. 만일 나와 다른 형편에 있는 사람들을 성경이 높여 줄 때 내가 그 내용을 받아들일 수 있다면, 성경을 제대로 읽고 있는 중일 것이다.[2]

우리도 마찬가지다. 성경을 그와 같은 방식으로 읽는다면, 억압에 대해 다른 느낌과 생각을 가질 것이다. 그때 억압에 종지부를 찍겠다고 약속하시는 하나님의 말씀을 읽으며 기쁨을 누리게 될 것이다. 심지어 우리가 그 억압에 연루되어 있다는 불편한 진실을 마주하게 된다고 하더라도 말이다.

하나님은 다음과 같이 억압에 종식을 고하신다. "그러므로 여호와의 말씀에 내가 이 족속에게 재앙을 계획하나니 너희의 목이 이에서 벗어나지 못할 것이요 또한 교만하게 다니지 못할 것이라 이는 재앙의 때임이라 하셨느니라 그때에 너희를 조롱하는 시를 지으며 슬픈 노래를 불러 이르기를 우리가 온전히 망하게 되었도다 그가 내 백성의 산업을 옮겨 내게서 떠나게 하시며 우리 밭을 나누어 패역자(apostate)에게 주시는도다 하리니"(3-4절).

이 본문은 결국 억압이 지속되지 못할 것이라고 밝힌다. 부와 권력을 거머쥔 자들의 교만과 횡포도 그치게 될 것이다. 이런 메시지는 사람들에게 좋은 소식으로 여겨지든가 아니면 나쁜 소식으로 여겨지든가 둘 중 하나의 반응을 얻게 된다. 중간 반응은 있을 수 없다. 만일 당신이 가난하다면, 이 소식은 새날을 알리는 아침 햇살처럼 느껴질 것이다. 반대로 부를 거머쥐고 있다면, 그야말로 파산 소식처럼 들릴 것이다. 이 본문에 따르면, 재앙이 다가오고 있으며 그로부터 자신의 목을 지킬 수 있는 사람은 없다.

미가는 이어지는 절에서 부유한 자들이 그 소유를 다 잃게 되리라고 말한다. "그러므로 여호와의 회중에서 분깃에 줄을 댈(cast the line by lot) 자가 너희 중에 하나도 없으리라"(5절).

여기서 우리는 미가서의 역사적 배경을 살펴야 한다. 당시는 이스라엘 백성이 바벨론 유배(the Exile)를 당하기 직전이었다. 하나님은 부유한 자들을 향해 다음과 같이 말씀하신다. "보라! 날이 이르리니 내가 너희를 바벨론에서 고국 이스라엘로 돌아오게 하리라. 그러나 그날에 너희가 차지할 땅은 하나도 없으리라. 너희가 수고하여 얻고자 한 모든 것, 곧 너희가 세운 산업과 그로부터 축적한 부를 다른 이가 취하리라. 결국 내가 땅을 분배하기 위해 직접 분깃을 정할 것이며 너희는 거기서 아무것도 얻지 못하리라."

이미 4절에서도 이렇게 예고하셨다. "내가 이 일을 너희에게 행할 때 가난한 자들을 돌보리라. 내가 그들을 황폐한 자리로부터 일으켜 내어 너희의 곤경을 보며 기뻐하게 하리라. 너희가 슬퍼하며 망하게 된 모습을 볼 때 그들이 조롱하리라."

이는 부유한 자라면 "우리가 완전히 망했다"라며 울고, 가난한 자라면 그들을 조롱하게 된다는 말씀이다. 이처럼 비천한 자들이 일어나 더 이상 권력을 부리지 못하게 된 이들을 비웃게 될 것이다.

:: 억압의 현장에 나타난 새날의 빛

이런 경고는 끔찍한 메시지가 아닐 수 없다. 그런데 여기서 우리는 온 땅을 뒤흔들만한 놀라운 소식을 듣게 된다. 바로 그 심판이 지나고 나면 상황이 호전된다는 소식이다. 즉, 하나님의 질책 후에 회복이 찾아온다는 소식이다. 다음과 같은 약속이 주어진다. "야곱아 내가 반드시 너희 무리를 다 모으며 내가 반드시 이스라엘의 남은 자(remnant)를 모으고 그들을 한 처소에 두기를 보스라의 양 떼 같이 하며 초장의 양 떼 같이 하리니 사람들이 크게 떠들 것이며 길을 여는 자가 그들 앞에 올라가고 그들은 길을 열어 성문에 이르러서는 그리로 나갈 것이며 그들의 왕이 앞서 가며 여호와께서는 선두로 가시리라"(12-13절).

지금까지 미가 2장에 연출된 어둡고 불길했던 장면에 한 줄기 서광이 비치는 듯하다. 우리에게는 이러한 소망이 너무나 필요하다. 그러나 여기에 이르기까지 심판의 메시지를 듣지 않았다면, 결코 겸손한 마음으로 그 빛을 바라볼 수 없을 것이다. 또한 명심해야 할 점은 성경이 우리를 향해 양이라고 부를 때 그 음성을 그저 따뜻하고 편안하게만 받아들여서는 안 된다는 것이다. 양이라는 표현은 칭찬과는 거리가 멀다. 양은 늘 도움이 필요하며 스스로 생존할 수 없는 동물이기 때문이다.

소망은 그 양을 모으는 목자에게 달려 있다. 그는 빗장으로 채워진 문을 부수고 억압의 현장 속으로 들어와 신음하던 자들에게 새날의 빛을 보게 한다. 아마도 독자들은 이 목자에 대한 기대감으로 기뻐하며 가슴이 뛸 때, 이로부터 불과 몇 백 년 후면 등장하게 될 참 목자를 보게 될 것이다. 바로 은혜가 넘치는 예수 그리스도, 즉 자기 백성에게 찾아와 스스로를 '선한 목자'라고 부르시는 그분을 보게 되는 것이다. 그분은 우리에게 다음과 같이 말씀하신다. "내가 새로운 질서를 세우리라. 그날에 천한 자는 존귀해지고, 가난한 자는 복을 얻으며, 억압받던 자가 자유해지리라."

어떻게 그런 질서를 세우신다는 말인가? 이어서 말씀하신다. "내가 가장 낮은 자리로 가서, 곧 내가 가난해져서 너희가 부유해지고, 또 내가 약해져서 너희가 강해지도록 하리라."

그러나 부유하고 영향력 있는 사람들은 이 말씀을 들을 때 즐거워하지 않는다. 도리어 그들은 미워하는 시선으로 그분을 바라본다. 왜냐하면 그분의 사역은 이기적이고 무정하며 완고할 뿐 아니라 오만하기까지 한 저들의 마음을 그대로 드러내기 때문이다. 따라서 심기가 불편해진 이들은 그분의 입을 막기로 결정한다. 하지만 자신들의 뜻대로 되지 않자 그들은 음모를 꾸민다. "이 나사렛 예수를 어떻게든 제거해야지 안 되겠어. 그 옷을 벗기고 채찍질하면 어때? 우스꽝스럽게 조롱해서 괴로워하게 만들자! 머리에는 가시로 만든 면류관을 씌우고 십자가에 매달아 완전히 끝장내자!"

그분은 이에 대하여 대응하신다. "너희가 하고자 하는 일을 하라. 그 일을 내가 허락하노라. 그래야만 구원의 길이 주어지리니, 내가 그 억압을 받지 않으면, 그에 대한 심판이 너희에게로 가리라. 내가 이렇게 하려 함은 억압받는 자들을 자유하게 할 뿐 아니라 억압하는 너희도 돌이켜 자유함을 얻게 하려는 것이라. 나는 목숨을 바쳐 내 양을 사랑하는 목자니라."

하나님이 억압이라는 죄를 다루기 위해 행하시는 일이 이와 같다. 그분은 지금도 여전히 일하고 계신다. 곧 타인의 희생으로 자신에게 주어진 소유가 있음을 깨닫고, 이제는 그 소유를 바쳐 다른 이들의 유익을 위해 사용할 수 있는 사람을 찾고 계신다. 이 모습이 바로, 그분이 우리의 삶에 이루시려는 비전이다.

그렇다면 이것이 우리에게 의미하는 바는 무엇인가? 이 모든 사실은 어떻게 우리의 삶에 영향을 미치는가? 또 하나님이 그리스도 안에서 행하시는 사역은 어떻게 우리 자신이 주변에서 일어나는 억압에 연루되어 있다는 사실을 알려 주는가? 이처럼 까다로운 질문들이 우리 안에서 일어난다면 그에 대하여 정직하게 대답할 수 있는 용기가 필요하다. 물론 그 답변에 따라 살기란 쉽지 않다. 그러나 복음의 핵심을 깨닫게 된 사람으로서, 또 인생의 혜택이 다른 이들의 희생으로 주어졌다는 사실을 알게 된 사람으로서, 우리는 스스로가 어떻게 살고 있는지를 점검해 볼 필요가 있다. 그래야만 타인의 유익을 위해 자신의 삶을 내어 주는 인생을 살 수 있기 때문이다. 이것이 우리가 억압의 현장에서 발견하는 복음이다.

이제 우리는 그 현장을 넘어 새로운 길로 나아갈 수 있다. 예수님이 그 길을 보여 주셨기 때문이다. 곧 그분은 부와 존귀와 평안을 희생하여 우리를 살리신 것이다. 우리에게 찾아온 구원이 바로 그러한 희생을 통해 이루어졌다는 사실을 깨달을 때, 우리는 받은 은혜를 감사하는 마음으로 타인과 나눌 수 있게 된다. 이렇듯 하나님 백성으로서 우리는 억압의 현실을 알아차리고, 각자가 의도치 않게 그 현실에 가담할 수 있다는 사실에 대해 깊이 생각해야 한다. 또한 우리는 그분의 백성이기에 한때 움켜쥐려 했던 것을 내려놓고, 과거에 쟁취하려 애쓰던 것을 포기하는 일에 기꺼이 동참할 수 있는 사람들임을 기억해야 한다.

이처럼 다른 이들의 유익을 위해 자신을 희생하여 내어줄 수 있는 것이 무엇일지를 돌아보자. 하나님은 우리가 나누게 될 그 섬김을 통해 억압의 현장을 종식하는 새날의 영광을 비추실 것이다.

03

●

권력에 대한 고찰

3:1-12

정의를 아는 것이
너희의 본분이 아니냐

미가 선지자의 이름은 '누가 하나님과 같은가?'라는 뜻
이다. 이에 대해 미가서는 누구도 하나님과 같지 않다는 반복
적인 답변을 우리에게 내놓는다. 당시 이방신들을 비롯한 우
상숭배의 대상이나 사회 지도층에 속한 사람들 중 그 누구도
하나님과 같지는 않았다. 심지어 하나님의 성품을 좀 더 가까
이서 경험했던 미가도 그분과 같지 않다. 이 주제가 미가서 전
체에 걸쳐 있다. 신약성경에 깊이 들어가 살펴보면 예수님을
만나게 되는데, 그분은 하나님과 같은 분이 아니라 하나님이
시다. 바로 이 성육신하신(incarnate) 예수님은 우리와 같은 인간
의 몸을 입으셨지만 우리와는 같지 않으시다. 결코 우리는 하
나님과 같을 수 없지만, 그분은 하나님이시기 때문이다.

1-2장에서 살펴본 바와 같이, 미가 선지자는 정도에서

이탈한 이스라엘 백성을 향해 질책의 메시지를 전한다. 이스라엘 백성은 하나님 백성으로서 가져야 할 정체성과 책임 의식을 간과했다. 미가는 1장에서 이스라엘의 불의가 우상숭배에 뿌리를 두고 있다는 사실을 지적했다. 또 2장에서는 억압의 현장이 다름 아닌 이스라엘 공동체 안에서 발견된다는 사실을 드러냈다. 그리고 이러한 우상숭배와 억압과 같은 불의로 인해 하나님은 심판을 경고하셨다. 이제 살펴볼 3장에서는 그 모든 불의가 어떻게 권력의 악용을 통해 발생하는지를 심도 있게 다룬다.

:: 미가가 외치는 사회적 정의

현시대의 사람들도 미가와 같이 사회적 불의에 대해 매우 민감한 반응을 보인다. 흔히 정의나 심판에 관한 보편적인 진리를 좋아하지 않더라도, 사회적 불의에 해당하는 문제가 발생하면 대부분의 현대인들은 그 문제를 지탄하게 마련이다. 이런 차원에서 그들은 어떻게 보면 성경이 제시하는 하나님의 뜻을 따라가고 있는 셈이다. 하나님도 그들처럼 사회적 불의를 지탄하시기 때문이다. 하나님은 사람들이 권력을 남용하여 가난하고 약한 이들을 속이고 이용하는 행위를 싫어하신다. 따라서 사람들은 하나님의 본을 따라 고통받는 자들을 돕기 위해 가진 힘을 사용해야 한다. 그러나 미가가 살던 시대의 국가와 종교 지도자들은 자신들의 이기적인 목적을 위해 하나님이 주신 권력을 사용했다. 따라서 하나님은 미가 선지자를 통해 그 문제에 대하여 말씀하신다.

어쩌면 우리는 권력이 자신과는 무관하다고 생각할지도 모른다. 다소 추상적이고 철학적인 개념이라고 느낄 수도 있기 때문이다. 하지만 모든 인간은 어떤 수준에서든 권력을 가지고 있다. 심지어는 갓난아기나 어린아이도 별반 다르지 않다(당신이 만일 아이를 맹목적으로 사랑하는 부모를 만나게 된다면, 거기에도 일종의 권력이 작용하고 있음을 알아차리게 될 것이다. 즉 아기가 스스로 의식하지 못하지만, 부모의 관심을 끌고 그들에게 영향력을 행사하는 능력을 사용하고 있는 것이다).

예를 들어, 가정에서 발생하는 권력에 대해 생각해 보자. 모든 가족 구성원이 각각 어느 정도의 권력을 행사한다. 맏이와 막내가 경쟁적으로 다투는 형제지간이든, 또는 부모와 자식 사이의 일반적인 관계이든 힘과 영향력을 주고받는 일은 늘상 일어난다. 이때 건강한 가족은 서로를 세워 주기 위해 권력을 사용한다. 하지만 건강하지 않은 가족은 권력을 사용하는 방법을 알지 못하고 이는 구성원 간의 아픔이나 관계의 단절로 이어진다.

당연히 직장에서도 권력이 사용된다. 대표적으로 고용주와 고용인으로 구성된 위계 질서에서 확립되는 공식적인 권력 구조도 있지만, 간혹은 비공식적인 권력 구조도 발생한다. 이를테면 직급은 동일하지만 서로 영향력이 상이할 때 일어나는 권력의 역학 관계가 그러하다. 이때는 보통 적극적인 태도의 사람이 상사에게 더 호의를 얻어내기 마련인데, 이럴 경우 그 사람은 타인에 비해 더 큰 권력을 행사하게 된다.

심지어 교회도 권력의 작용으로부터 자유롭지 않다. 왜냐하면 공적 책임을 맡고 있는 목회자와 장로 또는 집사와 특정 직원들이 공식적인 권력을 행사하기 때문이다. 비공식적인 권력은 교회 안에서 더 큰 발언권을 가지고 있거나 일을 약간이라도 더 많이 한 사람들이 차지한다. 때로는 가장 오래된 교인이 거머쥐기도 한다.

여기서 요점은 모든 사람이 어느 정도이든 실제로 권력을 가진다는 것이다. 참된 권력은 하나님으로부터 주어지는 선물이며, 우리는 그분의 영광과 공익을 위해 그 힘을 사용해야 할 책임이 있다.

많은 사람들이 권력에 대해 생각할 때, 액턴 경(Lord Acton)의 유명한 격언을 떠올린다. "권력은 부패한다. 곧 절대 권력은 절대 부패한다." 그리고 이런 격언에 기대어 이렇게 말하곤 한다. "권력은 부패하기 때문에 우리는 권력 자체를 제거해야 한다."

하지만 우리는 권력을 제거할 수 없다. 어떤 인간관계나 조직에서든 권력은 존재한다. 설사 권력을 제거할 수 있다고 가정하더라도 우리는 그러기를 바라서는 안 된다. 왜냐하면 권력이란, 인간 사회의 질서와 번영을 위해 주어진 선물이기 때문이다. 일종의 권위와 같다고 할 수 있다. 어떤 이들은 권위 또한 싫어하며, 어떻게든 권위에 대항하려 한다. 그러나 권위 자체에는 아무런 문제가 없다. 문제는 권위를 악용하는 데 있다. 마찬가지로 권력도 내재적으로(intrinsically) 죄악되다고 할 수 없다. 문제는 권력을 잘못 사용하는 데 있다.

　　미가서는 그처럼 권력이 악용되는 문제에 대해 하나님이 어떻게 생각하시는지를 드러낸다. 그리고 하나님의 백성이 어떻게 그 권력을 본래 목적대로 사용할 수 있는지를 가르쳐 준다. 이런 차원에서 권력의 악용, 권력의 바른 사용, 그리고 권력의 회복이라는 세 가지 관점으로 미가서 3장을 살펴보아야 한다.

:: 권력을 어떻게 사용하는가
이제 미가는 다음과 같은 구절로 3장을 시작한다.

　　야곱의 우두머리들과 이스라엘 족속의 통치자들아 들으라 정의를 아는 것이 너희의 본분이 아니냐(3:1).

　　이 외침은 1장에서 사마리아와 예루살렘의 지도자들 및 여러 성읍들을 재판장으로 부르던 형식과 유사하다. 여기서 미가는 다시 한 번 이스라엘의 '우두머리들'과 '통치자들'을 재판장으로 소환한다. 즉 그들을 기소하며 판결을 받도록 부르고 있는 것이다.

하나님은 백성을 바르게 다스리며 성장하도록 돕기 위해 지도자들을 세우셨다. 그들은 마땅히 '정의'에 대한 감각을 가지고 있어야 하는 사람들이었다. 또 하나님이 주신 권력을 공익을 위해 사용해야 했다. 그러나 그들은 그렇게 하지 않았다. 그에 대한 결과로 기소장이 발부되었다. "정의를 아는 것이 너희의 본분이 아니냐!" 미가는 이렇게 외친다. "너희는 정의롭게 행하고, 특히 소외된 자들에게 긍휼과 자비를 베풀라고 임명된 자들이 아니냐!"

하지만 그 지도자들은 마땅히 수행해야 할 임무를 까맣게 잊었다. 오히려 권력을 남용하고 있었다. 그 기막힌 실상을 미가가 다음과 같이 묘사한다.

> 너희가 선을 미워하고 악을 기뻐하여 내 백성의 가죽을 벗기고 그 뼈에서 살을 뜯어 그들의 살을 먹으며 그 가죽을 벗기며 그 뼈를 꺾어 다지기를 냄비와 솥 가운데에 담을 고기처럼 하는도다(2-3절).

당시 산혜립의 통치 아래 국제 사회의 패권을 쥐고 있던 앗수르가 바로 그러한 관습을 행했다. 그들은 적군을 포위하면 산 채로 그 피부를 벗겨 내곤 했다. 하나님은 이런 관습을 비유로 들어 지도자들에게 말씀하신다. "너희는 이 백성을 지켜야 할 통치자들인데, 오히려 너희 대적이 행하는 대로 너희도 이 백성에게 행하는도다!"

최악의 질책이 아닐 수 없다. 백성의 지도자가 백성의 대적과 같이 되었다. 권력을 사용할 수 있는 권한을 위임받은 자들이 그 권력을 악용한 것이다.

여기서 권력의 악용이란 하나님이 공동의 유익을 위해 허락하신 영향력을 자신의 이기적인 목적을 위해 함부로 사용하는 행위라고 정의할 수 있다. 이런 행위가 미가 시대에 만연했다.

그들의 우두머리들은 뇌물을 위하여 재판하며 그들의 제사장은 삯을 위하여 교훈하며 그들의 선지자는 돈을 위하여 점을 치면서도 여호와를 의뢰하여 이르기를 여호와께서 우리 중에 계시지 아니하냐 재앙이 우리에게 임하지 아니하리라 하는도다(11절).

미가의 고발이 단지 정치 지도자들만이 아니라 종교 지도자들에게도 향하고 있다는 사실에 주목해야 한다. 종교 지도자들의 겉모습은 자신의 임무를 수행하고 있는 것처럼 보였다. 그러나 속을 들여다보면, 권력을 악용하고 있었다.

내 백성을 유혹하는 선지자들은 이에 물 것이 있으면 평
강을 외치나 그 입에 무엇을 채워 주지 아니하는 자에게
는 전쟁을 준비하는도다(3:5).

그들은 마땅히 수행해야 할 사역에 대해 금전적인 유익
이 있다면 평화의 메시지를 전하고, 특별한 이득이 없으면 선
전 포고와 같은 메시지를 전했다. 즉 그들의 예언은 돈을 주고
살 수 있었다. 돈을 착복하기 위해 권력을 사용하는 자들이었
기 때문이다.

이와 관련해서 나의 경우를 잠시 돌아보려 한다. 지난 25년
동안 목회를 하며 느낀 유혹을 한 가지 나누려고 한다. 바로 청
중이 듣기 좋도록 메시지를 좀 더 부드럽게 전하고 싶은 마음에
찾아드는 유혹이다. 심지어 하나님이 '이 메시지를 설교해야 한
다'는 사실을 아주 분명히 알게 해 주실 때에도, 가감 없이 그 내
용을 선포하기보다 조금이라도 부드럽게 전하고자 하는 마음이
생겼었다. 특별히 청중 가운데 재정적으로 사역을 후원할 수 있
는 사람이 있을 때에는 그런 유혹이 더 찾아들 기도 했다.

이런 차원에서 우리는 미가의 본을 따를 필요가 있다. 미
가는 청중에게 어떤 재능이 있는지 없는지 또는 자신의 사역
을 후원할 만한 능력의 유무와 관계없이 신실하게 말씀을 전
했기 때문이다. 확실히 그는 사람들이 듣기 좋아하는 메시지
를 전하지 않았다. 오히려 종교 지도자들을 향해 자신과 같이

차별 없이 메시지를 전해야 한다고 촉구했다. 그렇지 않을 경우, 유혹이 찾아와 넘어질 수 있기 때문이다. 그리고 그 유혹에 걸리면, 어떻게든 이익을 끼치는 자에게는 평화의 메시지를 그렇지 못한 이에게는 심판의 메시지를 전하기 십상이다. 이런 유혹은 우리의 생각보다 훨씬 더 미묘한 수준에서 찾아올 수 있다. 심지어 뚜렷하게 분별되거나 쉽게 확인되지 않는다. 그렇기에 우리는 더욱 깨어 있어야 한다.

:: 권력을 받은 이들에게 주어진 책임

이와 같은 권력의 악용에 대한 하나님의 반응은 어떤가?

> 그때에 그들이 여호와께 부르짖을지라도 응답하지 아니하시고 그들의 행위가 악했던 만큼 그들 앞에 얼굴을 가리시리라(4절).

하나님은 종교 지도자들의 부르짖음을 듣지 않겠다고 말씀하신다. 그들이 소외된 자들의 소리를 듣지 않았기 때문이다. 곧 이어지는 6-7절에서는 하나님이 어떻게 침묵하실지에 대해 좀 더 묘사하는데, 마치 하나님이 다음과 같이 지적하신다고 볼 수 있다. "너희는 약하고 힘없는 자들의 소리를 듣지 않으며 불의를 행하는데, 어찌 내가 너희의 간구를 들어야 하느냐! 또 진리의 말씀을 들어야 할 이들에게는 진리를 선포하지 않으면서, 왜 내게서는 진리를 구하느냐! 너희가 입을 열어야 할 때 침묵했으니, 내가 어떻게 침묵하는지 곧 깨닫게 되리라!"

대학교 총장을 역임하고 비영리 단체를 운영 중인 로버트 풀러(Robert Fuller)는 매우 예리한 통찰력을 가지고 두 권의 책을 저술했다. 《신분의 종말》(*Somebodies and Nobodies*)과 *All Rise*(모두 일어서라)이다.[1] 여기서는 *All Rise*(모두 일어서라)의 내용을 인용해 보도록 하겠다.

> 종교, 인종, 성별, 나이와 같은 특징들은 단지 차별에 대한 구실일 뿐 차별을 낳는 근본적인 원인은 아니다.[2]

그의 지적이 매우 중요한 이유는 많은 사람들이 사회에 차별이 존재하는 원인으로서 그가 말한 특징들을 들고 있기 때문이다. 그는 이 모든 '차별에 대한 구실' 아래에는 근본적인 원인이 자리한다고 설명한다. 가령 인종이나 계층에 따른 차별은 더욱 심층적인 다른 문제의 결과물이라는 것이다. 여기서 그가 이렇게 설명하고 있지는 않지만, 결국 각각의 현상 아래에는 어떤 근본적인 죄가 자리하고 있는 셈이다. 풀러는 그 문제를 다음과 같이 파악하고자 한다.

이 모든 '주의'(ism)를 하나로 묶는 공통된 뿌리가 있다. 바로 남에게 피해를 주면서까지 자신의 지위 또는 신분을 주장하려고 하는 마음이다.[3]

우리는 인종, 성별, 종교, 계층과 상관없이 그 저변에서부터 진행되는 권력의 악용이 있음을 알아차려야 한다. 풀러가 '신분주의'(rankism)라고 부르며 파헤치려고 한, 그 모든 현상적인 차별의 근원부터 파악해야 한다는 말이다. 왜냐하면 모든 차별은 결국 다른 사람을 자신에게 종속시키고 지배하려는 마음을 따라 권력을 함부로 사용할 때 발생하기 때문이다. 따라서 풀러의 주장과 같이 진짜 문제는 권력이나 권위 자체가 아니라 잘못된 사용에 있다.

자기보다 하위에 있다고 생각하는 사람을 경시하거나 그릇되게 이용하려는 마음으로 권력을 사용할 때, 상대는 모욕감을 느끼게 된다.[4]

이처럼 문제는 권력을 어떤 마음으로 사용하느냐에 달려 있다. 풀러도 동의하다시피, 권력의 사용 자체가 문제가 되지 않는다는 말이다. 그래서 구약의 선지자들 역시 그들의 시대에 활동하던 종교 지도자들을 비판할 때, 권력의 바른 사용을 촉구했다. 예를 들어 미가와 동시대에 활동했던 이사야는 예루살렘에 있던 지도자들에게 다음과 같이 외쳤다. "선행을 배우며 정의를 구하며 학대받는 자를 도와주며 고아를 위하여 신원하며 과부를 위하여 변호하라"(사 1:17).

당시 지도자들에게는 지위가 낮고 힘이 없으며 특권을 갖지 못한 사람들을 정의롭게 도와줘야 할 책임이 있었다. 그런데 그들은 책임을 이행하지 않았다.

:: 지극히 평범한 사람을 위한 특권

여기서 우리는 이런 생각을 할 수도 있다. '그래, 무슨 말인지 알겠어. 미가 시대의 정치, 종교 지도자들이 오늘날 지도자들과 관련이 있을 순 있겠지. 그런데 나처럼 평범한 삶을 사는 사람에게도 그런 경고가 필요할까?'

주석학자 데이비드 프라이어(David Prior)가 지적하듯, 미가 선지자가 그들을 비판하는 주된 이유는 바로 "저들이 부패하고 굳어진 삶의 방식을 고수하고 있었다"는 데 있었음을 기억할 필요가 있다.[5] 스스로를 섬기기 위해 자기 마음대로 권력을 사용하며 완고한 태도로 살아가는 사람들이 곧 미가가 대면하여 메시지를 전한 대상이었다. 따라서 우리 모두가 그 대상에 포함된다고 할 수 있다.

19세기에 허무주의적(nihilistic) 사상을 전개한 철학자 프리드리히 니체(Friedrich Nietzsche)는 자신의 유명한 작품인《권력

의지》(*The Will to Power*)[6]에서 이렇게 말했다.

> 내 생각에는 육체를 가진 이라면 모든 공간을 지배하여
> 그 힘을 확장하려고 투쟁하는 법이다. 혹 그 힘을 저지하
> 려는 대상을 만나면, 어떻게든 밀어제치기 마련이다.[7]

이런 일은 '특권'(privilege)을 주장하는 영역에서 미묘하게
펼쳐진다. 여기서 우리의 마음을 점검해 볼 필요가 있는데, 이
런 목적에서 앤디 크라우치(Andy Crouch)가 쓴 *Playing God*(하나
님처럼 행동하기)이라는 책을 잠시 언급하고자 한다. 이 책은 권
력의 문제를 이해하고자 하는 이들에게 매우 유익하다. 저자
는 "특권이란, 특별한 종류의 권력이다"라고 설명한다. 사실
모든 사람이 특권을 가지고 있지만, 그 모두가 특권이 특별한
종류의 권력이라는 사실을 깨닫지 못한다. 어떤 이들은 이렇
게 생각할 수 있다. '나는 영향력이나 힘을 행사할 만한 높은
지위에 있지 않아.' 그러나 우리는 어떤 수준에서든 특권을 소
유하고 있다. 계속해서 크라우치는 말한다.

> 특권이란 과거에 성공적으로 행사된 권력으로부터 지속
> 적인 혜택을 받는 상태다. 내가 아는 한 이는 특권에 대
> 한 최고의 정의다.[9]

여기서 "과거에 성공적으로 행사된 권력"에는 부모나 조상 혹은 특정 제도에 의해 행사된 권력이 포함된다. 크라우치는 작가들이 받는 인세를 예로 든다.

흔히 출판사는 해당 작가의 인기가 어느 정도냐에 따라 인세의 범위를 정한다. 따라서 작가는 자신이 쓴 책이 많이 팔리기를 소원하기 마련이다. 그래야만 판매액의 15퍼센트나 18퍼센트, 또는 22퍼센트에서 26퍼센트까지 해당하는 인세를 받을 수 있기 때문이다. 그래서 만일 책이 잘 팔리게 되면, 작가는 다른 추가적인 노력 없이도 혜택을 얻는다. 이것이 바로 특권이다. 권력의 행사는 이미 계약서에 동의할 때부터 시작되고, 특권은 그에 따라 책이 팔릴 때 누리게 된다. 마찬가지로 모든 사람은 이전에 행사된 권력에 따라 현재에 어떤 특권을 누리거나 또는 그렇지 못한 상태에 처한다.

이러한 사실은 결국 우리에게 물음을 준다. "과연 우리는 어떤 방식으로 개인의 이익을 위해 권력이나 특권을 잘못 사용할 수 있는가? 또 그때 우리는 어떻게 우리보다 지위가 낮거나 능력이 부족하다고 여겨지는 사람을 얕보며 무시하는가?"

이런 질문을 스스로에게 적용해 보아야 한다. 혹 우리가 다른 이들을 착취하지 않았어도, 우리는 생각보다 더 많은 지위와 권력과 특권을 누리고 있다. 그러므로 하나님이 주신 은사와 재능을 잘못 사용하는 일은 없는지, 각자가 돌아봐야 할 것이다.

:: 권력을 바르게 사용하는 비법

3장에서 미가는 단지 주변에서 일어나는 권력의 악용만을 지적하지 않는다. 그는 더 나아가 권력의 바른 사용이 무엇인지를 보여 주는 역할까지 수행한다. 그래서 스스로를 들어 이렇게 묘사한다.

> 오직 나는 여호와의 영으로 말미암아 능력과 정의와 용기로 충만해져서 야곱의 허물과 이스라엘의 죄를 그들에게 보이리라(8절).

이런 측면에서 미가는 거짓 선지자와 상반되는 인물이었다. 그는 "여호와의 영으로 말미암아 능력과 정의와 용기로 충만해져" 있었기 때문이다. 바꿔 말하면, 그는 불의를 행하고 권력을 악용하며 자기 신뢰로 가득 찬 사람이 아니었다. 오히려 여호와의 영이 주시는 능력, 바로 참된 권력을 가진 사람이었다(역주─ 미가 3장 8절에서 '능력'으로 번역된 단어가 영어 성경에서는 흔히 'power'라는 단어로 번역되기 때문에, 저자는 그 개념을 건전한 의미의 '권력'과 동일하게 사용하고 있다). 이런 표현은 이사야 42장과 44장에서 장차 올 메시아(the Messiah)에 관해 예언할 때 사용된 표현, 즉 여호와의 영이 그 위에 임하시리라는 표현과 유사하다. 그처럼 여호와의 영이 임하시는 목적은 그 사람으로 하여금 정의를 행하게 하기 위함이다.

미가는 그 목적대로 하나님이 주신 권력을 공동의 유익을 위해 사용하고자 했다. 이에 비추어 우리도 맡겨진 권력을 바르게 사용하고 있는지를 물어야 할 것이다. "나는 지위나 권력을 바르게 사용하고 있는가? 아니면 내 자신의 힘을 과시하며 확장하기 위해 사용하고 있는가?" 만약 우리가 깨어 있지 않다면, 후자와 같이 권력을 사용하고 있더라도 모를 수 있다. 교회 리더들이라고 예외는 아니다. 우리가 그런 사실을 잘 알아채지 못하는 경우로 직장 생활을 예로 들 수 있다.

우리는 직장 동료의 가치나 중요성을 주어진 상황에 비추어 평가한다. 그때 만일 동료의 지위나 영향력 또는 인기가 자신과 별반 다르지 않다면, 곧바로 지배력을 차지하기 위한 싸움, 일종의 파워플레이(power play)에 돌입한다. 그러나 상대가 더 강한 권력을 지녔다고 느끼면, 힘이 약한 사람을 대할 때와는 다른 태도로 그를 대하게 된다. 다름 아닌 그 권력의 혜택과 보호를 받기 원하기 때문이다. 물론 이런 상황 외에도 계층과 신분과 성별과 나이와 인종 등에 따라 지배력 다툼이 벌어질 수 있다. 이때 우리는 스스로가 그런 싸움에 참여하고 있다는 사실조차 모를 수 있다. 따라서 매우 민감하게 깨어 있을 필요가 있다.

또한 우리는 나이가 어리다는 이유로 혹은 경험이 부족하거나 인종이나 문화 또는 성별의 차이로 인해 자신을 함부로 대하는 사람을 만나기도 한다. 따라서 우리는 잘못된 권력 사용의 가해자이면서 동시에 피해자이기도 하다. 이 모든 일들이 얼마나 미묘한 방식으로 우리의 삶에 일어나는지를 생각해 보아야 한다.

이처럼 미가는 권력을 그릇되게 사용하지 말라고 촉구하면서, 다음과 같은 질문을 생각하도록 우리에게 도전한다. "모두의 성장을 가져오도록 권력을 사용하는 방법은 무엇인가? 어떻게 하면 특권을 제대로 누리지 못하는 이들을 돕는 방향으로 권력을 사용할 수 있는가?"

이 질문에 답변하기 위해, 권력의 바른 사용에서 나타나는 특징을 몇 가지 살펴 보자.

1. 인생에 숨은 거짓을 드러낸다. 그리고 자신의 약함을 인정하게 만든다.

2. 타인의 유익을 지향한다. 다시 말해, 다른 이들의 유익을 위해 자신의 희생을 감수할지언정, 자신의 이익을 위해 타인을 희생시키는 행위를 거부하게 만든다.

3. 모두의 성장을 가져온다. 즉 권력이란 번영과 회복, 아니면 기근과 파멸, 이 둘 중 하나의 결과를 가져올 수 있는데, 그 권력이 바르게 사용됨에 따라 세상에는 선한 변화가 일어나게 된다.

이는 미가의 권력 사용에서 엿볼 수 있는 특징으로서, 거짓 선지자들의 예와는 상반된 모습이다. 보스턴 칼리지(Boston College)의 명예 교수였던 피터 버거(Peter Berger)는 *The Homeless Mind*(정처없는 마음)라는 저서에서, 전통 문화가 명예(honor)를 중시했다면, 현대 문화는 위엄(dignity)을 강조한다는 설명을 한 바 있다.[9]

가령 전통 문화에서는 각 사람이 공동체 안에서 역할을 부여받기 마련이었다. 그렇기 때문에 각자의 외부에 존재하는 공동체의 기준과 기대에 따라 명예롭다든지 또는 불명예스럽다는 평가가 주어지게 되었다. 이런 평가는 그 사람의 출신 배경이나 가업과 같이, 그가 속한 공동체로부터 물려받은 내용에 기초했다.

그러나 현대 문화에서는 공동체가 부여하는 내용을 근거로 하여 개인의 정체성이 확립되지 않는다. 그보다는 스스로가 얼마나 자신의 꿈을 위해 노력하며 그 꿈을 성취하는가에 따라 정체성이 결정된다. 따라서 요즘 사람들은 자신의 꿈을 위해 야심찬 인생을 살아가고자 한다. 이에 비해 전통적인 사람들은 자신이 속한 공동체를 위해 감당할 수 있는 최선이 무엇인지를 먼저 고려했지, 개인적인 성공을 위한 열망을 강하게 품고 살아가지는 않았다.

여기서 내가 말하고자 하는 바는 오늘날 사람들이 전통적인 삶의 방식으로 돌아가야 한다든가 또는 서구의 개인적인 인생관을 거부해야 한다는 게 아니다. 새롭게 강조하고 싶은 요점은, 미가의 정체성이 그러한 전통 문화를 따라 공동체로부터 물려받지도 또한 현대 문화에서처럼 자신의 성취로 형성되지도 않았다는 사실에 주목해야 한다는 것이다. 그의 정체성과 사명은 그가 속한 공동체나 자기 성취가 아니라 철저히 자신을 초월한 외부로부터 주어졌다. 즉 미가가 누구이고 무엇을 해야 하는지는 그에게 찾아오신 하나님의 영이 결정했다. 그래서 미가는 이렇게 말할 수 있었다.

> 오직 나는 여호와의 영으로 말미암아 능력과 정의와 용기로 충만해져서 야곱의 허물과 이스라엘의 죄를 그들에게 보이리라(8절).

바로 여기에 그가 권력을 정의롭게 사용할 수 있는 비결이 존재했다.

:: 가장 위대한 선지자가 지닌 권력, 사랑
이제 그는 다음과 같이 말한다.

> 이러므로 너희로 말미암아 시온(Zion)은 갈아엎은 밭이 되고 예루살렘은 무더기가 되고 성전의 산은 수풀의 높은 곳이 되리라(12절).

지도자들의 악행으로 인해 시온은 곧 심판을 당할 것이다. 그렇다면 이를 피할 수 있는 다른 길이 존재하는가? 대답은 놀랍게도 '그렇다'이다. 하나님의 경고는 심판이 내려지기 직전까지 유효하기 때문이다. 심판의 날까지 시간을 주신다. 이 교훈을 배운 자들이 성경에 등장한다. 바로 니느웨 사람들이다. 요나 선지자는 그들에게 이렇게 선포했다. "사십 일이 지나면 니느웨가 무너지리라"(욘 3:4). 이에 니느웨 왕은 베옷을 입고 모두 회개하라고 명령했다. 다음과 같은 바람을 가졌기 때문이다. "하나님이 뜻을 돌이키시고 그 진노를 그치사 우리가 멸망하지 않게 하시리라 그렇지 않을 줄을 누가 알겠느냐"(욘 3:9). 하나님은 그 바람대로 뜻을 돌이키셨다.

우리가 아는 바와 같이, 이에 대하여 요나는 몹시도 화가 났다. 그는 자신이 하나님께 받은 권력이 심판을 통해 입증되기를 원했다. 하지만 미가는 그런 요나와 달랐다. 그는 하나님께 받은 권력으로 진리를 선포하고 심판을 경고했지만, 정작 다가올 심판에 대해 슬퍼하며 애곡했다(미 1:8-9). 요나처럼 심판이 이루어지지 않아 슬퍼한 게 아니다. 요나는 부정적으로, 미가는 긍정적으로 암시하고 있는 한 가지 사실이 있다. 이는 결국 예수님이 완전히 드러내실 사실로서, 권력을 올바르게 사용하도록 만드는 유일한 동기에 관한 것이다. 그 동기는 바로 '사랑'이다. 부모가 자기 아이를 어떻게 양육하는지를 생각해 보자. 모든 부모는 아이에게 선이나 악을 행할 수 있는 엄청난 권력을 가지고 있다. 이때 아이의 성장은 그 부모가 권력을 어떻게 사용하는지에 따라 달라질 수밖에 없다. 대부분의 부모는 아이가 똑바로 자랄 수 있도록 돕기 위해 그 권력을 사용하는 방법을 익혀 간다. 다름 아닌 사랑으로 권력을 사용하는 방법을 익혀 가는 것이다. 권력보다 힘이 강한 사랑은 그 권력이 바르게 사용될 수 있도록 이끌 수 있다.

잠시 한 아이가 부모와 같이 인도를 걷고 있다고 가정해 보자. 이때 어디선가 굴러오는 공을 보고 아이가 차도로 달려든다. 그리고 지나가던 차가 그 아이를 향해 돌진한다. 이 절체절명의 순간에 부모는 아이를 구하기 위해 차도로 함께 뛰어든다. 혹 아이의 생명과 자신의 생명, 이 둘 중 하나만 살릴 수 있는 길이 주어진다면, 기꺼이 아이를 위해 자신의 목숨을 포기하는 길을 선택할 것이다. 바로 아이를 향한 부모의 마음과 같은 사랑이야말로 권력이 바르게 사용되도록 이끄는 유일한 동기이다.

이런 차원에서 우리는 미가를 넘어 가장 위대한 선지자이신 예수님을 바라보아야 한다. 그분은 1세기 당시의 정치, 종교 지도자들이 파렴치하게 악용한 권력의 희생자가 되셨으면서도, 다른 이들을 살리기 위해 하나님의 심판을 대신 받아 자신의 권력을 올바른 방법으로 사용하셨다. 온 우주에서 가장 큰 권력을 지니신 그분은 매순간 만물을 다스리는 분이면서도 섬김을 받으려 함이 아니라 섬기려고 오셨다(막 10:45). 바로 이 예수님이야말로 하나님의 영으로 충만하신 분이다. 그러니 미가가 묘사하는 지도자들의 모습은 그분의 모습과 명백히 다를 수밖에 없다.

> 야곱 족속의 우두머리들과 이스라엘 족속의 통치자들 곧 정의를 미워하고 정직한 것을 굽게 하는 자들아 원하노니 이 말을 들을지어다 시온을 피로, 예루살렘을 죄악(iniquity)으로 건축하는도다(9-10절).

시온과 예루살렘을 세우신 예수님은 다른 이들의 피로 세우지 않으셨다. 자신의 피로 세우셨다. 권력을 사랑으로 사용하신 것이다.

결국 우리는 예수님의 본을 따를 때 권력이 바르게 사용되는 일이 가능하다는 사실을 깨닫는다. 예수님은 모든 권력을 지녔으나 그 권력을 자기 백성만을 위해 사용하셨다. 이는 권력을 포기하신 것이 아니다. 오히려 그 권력이 어떻게 바르게 사용될 수 있는지를 보여 주신 모습이다. 사실상 권력을 지닌 자만이 무엇인가를 다른 이들에게 줄 수 있다. 예수님은 자신의 권력을 버리신 게 아니라, 그로부터 주장할 수 있는 특권을 내려놓으신 것이다.

이를테면 십자가에서 죽으셨을 때, 자신의 권력을 상실한 게 아니라 그 십자가를 지지 않을 수도 있었던 특권을 내려놓으신 것이다. 예수님은 그때도 변함없는 삼위일체의 두 번째 위격이셨다. 그분은 십자가를 지지 않을 수도 있었지만, 십자가의 죽음을 선택하셨다. 즉 십자가에서 죽으심으로 자신의 생명을 그 백성에게 내어 줄 수 있는 권력을 행사하신 것이다. 그래야만 자신의 백성도 특권이 결여된 다른 이들을 섬기면서 참된 번영과 정의를 위해 권력을 바르게 사용하는 방법을 알게 되기 때문이다.

∷ 청지기 리더

이러한 예수님의 모습은 우리에게 어떻게 비춰지는가? 하나님 백성은 어떤 리더십을 감당하도록 부름 받았든 간에, 청지기(steward) 리더가 되도록 소명을 받았다고 할 수 있다. 즉 우리가 권력과 지위와 특권을 가지고 있는 만큼, 그 모든 것을 청지기로 사용해야 할 책임을 지닌다는 말이다. 고대 사회에서 청지기 리더(steward leader)란, 주인의 재산을 지배인처럼 관리하는 권한을 가진 종이나 하인을 가리켰다. 하나님 백성이 맡은 직분이 그와 같다.

만일 우리가 크리스천의 삶을 단지 종의 관점에서만 이해한다면, 결코 담대하게 리더십을 발휘할 수 없을 것이다. 그렇게 소심한 태도로는 하나님을 영화롭게 할 수 없다. 왜냐하면 그분은 우리에게 권력과 특권이라는 선물을 주셨을 뿐만 아니라, 그 선물을 우리가 제대로 사용하기를 원하시기 때문이다. 따라서 권력을 바르게 사용해야 할 때 회피해서는 안 된다. 우리는 그분의 백성으로서 담대하게 리더십을 발휘해야 한다.

또 우리는 타인을 무시하며 교만한 태도로 권력이나 지위를 악용해서는 안 된다. 오직 자신이 청지기 리더라는 사실을 망각하지 않을 때에만, 담대하면서도 겸손한 태도를 지닐 수 있다. 만일 우리가 청지기 직분(stewardship)만을 강조한다면, 매사에 자신을 낮추기만 할뿐 지도력을 드러내지는 못할 것이다. 또 반대로 리더 직분(leadership)만을 강조한다면, 지나치게 대범해져 거친 태도만 드러내게 될 것이다.

따라서 예수님이 어떻게 행하셨는지, 곧 어떻게 자신의 특권을 내려놓고 우리의 유익을 위해 그 권력을 바르게 사용하셨는지를 복음 가운데 이해할 때에만 우리는 청지기 리더로서 살아갈 수 있다. 예수님은 누가복음 12장 42-48절에서 비유를 말씀하시고 다음과 같은 질문을 던지셨다. "지혜 있고 진실한 청지기가 되어 주인에게 그 집 종들을 맡아 때를 따라 양식을 나누어 줄 자가 누구냐?"

여기서 '청지기'란, 하나님이 자신에게 권력을 맡기셔서 그러한 힘을 갖지 못한 이들을 섬기라고 명하시는 소명을 기억하는 사람이라고 할 수 있다. 따라서 그 권력을 어떻게 사용했는지를 평가하실 주인이 계시다는 사실을 망각하고 자기 쾌락만을 위해 그 권력을 사용하는 일을 하지 않는다(눅 12:45-46).

바로 이 청지기 리더에 대한 정체성을 일터와 일상, 또 이웃과 가족 및 친구들과의 관계에서 한번 생각해 보기를 바란다. 우리는 다양한 권력과 특권을 가지고 있다. 이를 함부로 사용해서는 안 되지만, 아예 사용하지 않아도 안 된다. 그러므로 복음을 통해서만 권력과 특권에 대한 이해를 바로 세울 수 있다. 즉 예수님의 본을 따를 때에만, 우리는 교만한 태도로 권력을 휘두르며 남을 억압하거나 우월한 마음으로 살아가지 않고, 겸손하면서도 담대한 마음을 가진 청지기 리더가 될 수 있다. 또 그렇게 할 때에만, 우리 자신을 위해 생명을 내어주신 그 위대한 왕의 아름답고도 역설적인(paradoxical) 리더십을 삶에 반영할 수 있을 것이다.

::

Part 2

하나님 앞에 울 때
회복이 시작된다

MICAH
FOR YOU
STEPHEN UM

04

●

장차 이루어질 소망

4:1-5

오라 우리가
여호와의 산에 올라가서
야곱의 하나님의 전에 이르자

미가서 4장은 지금까지 계속된 이야기의 흐름에서 변화되어 소망에 찬 미래를 바라보게 한다. 1-3장에서는 하나님 백성이 행하는 우상숭배와 불의한 억압과 권력의 악용이라는 문제를 다루었다. 그 과정에서 백성과 함께하시는 하나님의 임재가 암시되기는 했으나 뚜렷한 소망이 제시되지는 않았다.

이처럼 1-3장을 통해 우리는 인간이 경험하는 근본적인 문제가 무엇인지를 확인했다. 이를테면 우상숭배에 사로잡힌 인간의 마음을 볼 수 있었다. 그리고 우리도 부당한 행위를 일삼는 경향이 있다는 사실을 알게 되었다. 그래서 타인의 유익을 위해 권력을 사용하기보다 그들에게 피해를 주면서까지 개인의 이득을 챙기려는 모습이 우리에게 있지는 않은지 생각해보았다.

이러한 상황에서 소망을 발견하기란 쉽지 않다. 여러 가지 질문을 다루어야 하기 때문이다. 가령 소망과 회복은 어디에 있는 것일까? 또 쾌락과 명예와 안정만을 추구하는 우리 개인의 바람을 넘어선 실제적인 소망이 있을 수 있을까? 정말 올바른 방향으로 세상에 펼쳐질 수 있는 소망이 있을까? 아니면 우리 자신과 타인을 모두 파멸에 이르게 할 결론만 기다리고 있을까?

이에 대해 성경은 궁극적인 소망이 우리 앞에 있다고 답변한다. 그렇다면 무슨 근거로 그런 소망을 가질 수 있을까? 이제 살펴볼 4장에서는 지금까지 묘사된 혼돈스런 상황 속에서도 하나님이 소망의 비전을 제시하시는 장면을 보게 된다. 여기서 하나님은 회복의 약속을 주시고 또 회복의 모습을 보여 주실 뿐 아니라, 마침내는 신약성경을 통해 확인하게 되는 바와 같이 그 회복을 실제로 경험하게 하신다.

:: 회복의 노래가 울리다

먼저 첫 번째 구절에서 우리는 회복의 약속을 듣는다. "끝날에 이르러는 여호와의 전의 산이 산들의 꼭대기에 굳게 서며 작은 산들 위에 뛰어나고 민족들이 그리로 몰려갈 것이라."

미가는 1-3장을 통해 하나님 백성의 타락한 마음과 행동, 그리고 그 백성을 다스리는 지도자들의 문제를 다루었다. 이제는 장래에 일어날 회복에 대한 약속을 제시한다. 이 약속이 무엇을 의미하는지를 충분히 이해하기 위해서는 세부적인 내용을 좀 더 확인할 필요가 있다. 일단 '끝날'이라는 표현에서 우리는 이 약속이 미래에 성취된다는 사실을 알 수 있다. 그리고 '여호와의 전의 산'을 통해 이 약속이 전달되고 있음도 확인할 수 있다. 보통 산을 떠올리면, 거대하고 웅장한 봉우리 혹은 외관이 아름다운 산맥의 모습을 생각할 것이다. 그런데 성경에서 언급되는 산은 단지 자연 경관을 가리키는 데 그 목적이 있지 않다. 그보다는 저자가 의도하는 깊은 신학적인 의미를 담고 있다.

예를 들어 하나님이 율법을 알려 주신 시내산의 경우에는 그분의 통치가 이루어지는 장소였다(출 19-31장). 그리고 미가서 4장에서 언급되는 시온산은 하나님이 그 백성 가운데 거하시는 처소를 가리킨다. 이처럼 성경은 하나님이 자신의 법으로 통치하고 거하시는 장소를 나타내기 위해 종종 산을 언급한다. 따라서 현재의 본문과 같이 여호와의 산이 지명된 경우, 우리는 그분이 통치하고 임재하시는 장소를 떠올릴 필요가 있다. 이런 사상은 2절에서 '여호와의 산'과 '야곱의 하나님의 전'이 동시에 언급됨으로써 더 뚜렷이 확인된다("오라 우리가 여호와의 산에 올라가서 야곱의 하나님의 전에 이르자"). 왜냐하면 여기서 하나님의 전은 시온산, 곧 예루살렘에 세워진 성전을 가리켰는데, 그 성전은 다름 아닌 하나님이 임재하시던 장소였기 때문이다. 미가는 이를 강조하기 위해 2절에서 다음과 같은 병행 구조를 사용한다. "이는 율법이 시온에서부터 나올 것이요 여호와의 말씀이 예루살렘에서부터 나올 것임이라."

흔히 시인이나 작가는 무엇인가를 강조하고자 할 때 병행 구조를 사용한다. 동일한 대상을 다른 표현들을 사용하여 반복적으로 언급하는 것이다.

미가도 마찬가지다. 그는 병행 구조를 통해 어떤 장소를 강조한다. 심지어 그곳에서 무슨 일이 일어날지를 밝히기도 전에 그 장소에 주목하게 만든다. 하나님이 어디에 거하시며 또 어디서 통치하시는지를 강조하기 위함이다. 그렇게 함으로써 하나님이 주시는 회복의 약속이란 그분의 산과 떨어져서는 결코 이해될 수 없다는 사실을 드러낸다. 다시 말해, 하나님이 거하시고 통치하시는 장소를 통해서만 그 회복이 이루어진다는 사실을 보여 주는 것이다. 이런 점에서 회복의 약속은 그분의 임재와 통치를 내포하는 약속이라고 할 수 있다. 말하자면 하나님께서 자기 백성에게 찾아오셔서 그들을 다스림으로써 모든 일을 회복시키겠다고 약속하시는 것이다.

:: 누가 약속의 주체인가

혹시 그러한 약속을 '그림의 떡'이라고 생각하는 사람이 있을지도 모르겠다. 그런데 모든 약속은 이루어지기 전까지 그림의 떡처럼 보일 수 있다. 약속의 성취 여부는 약속한 당사자에게, 즉 그 당사자가 약속을 이행할 만큼 신뢰할 수 있는지 그렇지 않은지에 전적으로 의존해 있기 마련이다. 따라서 누군가가 약속을 했을 때, 심지어는 온갖 불의와 억압이 판치는 세상 속에서 회복을 약속했을 때, 그 약속의 성취 여부는 약속을 한 당사자가 신뢰할 만한지 그렇지 않은지를 살피는 수밖에 없다.

　　여기서 우리가 본문을 통해 확인한 약속은 스바냐 3장 14-17절에서 제시된 약속과 유사하다. "시온의 딸아 노래할지어다 이스라엘아 기쁘게 부를지어다 예루살렘 딸아 전심으로 기뻐하며 즐거워할지어다 여호와가 네 형벌을 제거하였고 네 원수를 쫓아냈으며 이스라엘 왕 여호와가 네 가운데 계시니 네가 다시는 화를 당할까 두려워하지 아니할 것이라 그날에 사람이 예루살렘에 이르기를 두려워하지 말라 시온아 네 손을 늘어뜨리지 말라 너의 하나님 여호와가 너의 가운데 계시니 그는 구원을 베푸실 전능자이시라 그가 너로 말미암아 기쁨을 이기지 못하시며 너를 잠잠히 사랑하시며 너로 말미암아 즐거이 부르며 기뻐하시리라 하리라."

　　이 약속은 소망의 비전을 제시한다. 에드워드 웰치(Edward Welch)는 그 소망을 다음과 같이 설명한다.

여기에는 우리에 관해 기뻐할 만한 내용이 아무것도 없다. 우리를 바라보면 노래할 게 없다. 이것이 본문의 핵심이다. 지금 이 메시지는 우리가 아닌 하나님에 관한 내용이다. 그분은 우리의 형벌을 제거하시고, 우리에게 새 마음을 주신다. 또 자신의 사역으로 회복된 우리를 보고 즐거이 노래하신다. … 이처럼 하나님은 우리에게 아무것도 없이 그냥 나아오라고 말씀하신다.[1]

미가는 이렇게 외친다. "오라 우리가 여호와의 산에 올라가자!" 여기서 하나님이 우리에게 요구하는 것은 무엇일까? 그분은 우리에게 무엇을 가지고 오라고 부르시지 않는다. 오히려 그분이 우리를 위해 행하신 일이 무엇인지를 보기 원하셔서 부르신다. 이는 마치 예레미야를 통해 약속하신 내용과 같다(렘 31:33-34). "그러나 그날 후에 내가 이스라엘 집과 맺을 언약(covenant)은 이러하니 곧 내가 나의 법을 그들의 속에 두며 그들의 마음에 기록하여 나는 그들의 하나님이 되고 그들은 내 백성이 될 것이라 … 내가 그들의 악행을 사하고 다시는 그 죄를 기억하지 아니하리라."

이 구절 역시 회복의 약속을 노래한다. 우리는 흔히 누군가가 상처를 주거나 잘못했을 때, 이런 약속을 하는 모습을 보게 된다. "다시는 그러지 않을게요." "꼭 갚을게요." "좋은 사람이 될게요." 혹 부모라면 아이들이 이런 약속을 하는 말을 쉽게

들을 수 있다. 그런데 하나님은 전혀 상반된 상황을 통해 약속을 하신다. 즉 그분이 우리에게 잘못하셨기 때문이 아니라, 우리가 그분에게 잘못했기 때문에 약속을 하신다. 따라서 앞으로 우리는 그러지 않겠다는 아이들의 약속이 지켜지지 않으리라는 사실을 알면서도 받아주듯, 그런 식으로 하나님의 약속을 받아들여서는 안 된다. 다시 말하지만 하나님은 우리에게 잘못하신 게 없다. 더욱이 하나님의 약속은 온 우주에서 유일하게 주권적으로(sovereignly) 자유를 행사하시는 분이 그 자발적인 의지 가운데 주시는 약속이다. 그분은 어떤 상황에도 얽매이지 않으신다.

그러므로 하나님의 성품과 능력을 생각할 때 그분의 약속에 소망을 두는 일은 결코 어리석은 일이 아니다. 우리에게 약속하시는 하나님은 전적으로 신뢰할 수 있는 분이기 때문이다.

:: 회복의 시작, 여호와의 길로 향하다

다음으로 우리가 생각해야 할 부분은 미가가 회복의 모습을 제시하고 있다는 것이다. 미가서 1장에서는 우상숭배로 인해 왜곡된 인간의 마음이 어떠한지를 살펴보았다. 이를 통해 다른 예배의 대상을 마음에 품고 그 대상에 가치를 부여하며 예배하고자 할 때, 걱정과 불안과 절망을 경험할 수밖에 없다는 사실을 알게 되었다. 마찬가지로 우리는 인생에서 다른 대상에 소망을 두어 두려움에 붙잡힌 인생을 살아본 적이 있다. 그래서 정말 자유해지고 싶어도, 스스로를 자유하게 할 수 있는 방법이 무엇인지 모르기도 한다. 바로 이런 상황에 처한 사람들에 대해 미가가 제시하는 회복의 모습이 본문에서 그려진다. "곧 많은 이방 사람들이 가며 이르기를 오라 우리가 여호와의 산에 올라가서 야곱의 하나님의 전에 이르자 그가 그의 도를 가지고 우리에게 가르치실 것이니라 우리가 그의 길로 행하리라 하리니 이는 율법이 시온에서부터 나올 것이요 여호와의 말씀이 예루살렘에서부터 나올 것임이라"(4:2).

과거 하나님의 백성이 우상을 위해 신당을 세우고 예배하던 산이 하나님을 만나는 회복의 장소로 사용된다. 그 산에서 하나님은 백성과 함께하시고 백성들은 하나님의 길로 향한다.

2장에서는 모든 사람이 억압, 폭력, 전쟁, 부당한 경제 활동, 그리고 인종과 성에 따른 차별 등을 겪고 있다는 사실을 다루었다. 이는 마치 테러 현장과 같다. 물론 우리 모두는 더 이상 테러로 인한 유혈 사태가 발생하지 않기를 원한다. 그렇다면 이런 문제에 대해 미가서가 제시하는 회복의 모습은 무엇일까? "그가 많은 민족들 사이의 일을 심판하시며 먼 곳 강한 이방 사람을 판결하시리니 무리가 그 칼을 쳐서 보습(plowshares)을 만들고 창을 쳐서 낫을 만들 것이며 이 나라와 저 나라가 다시는 칼을 들고 서로 치지 아니하며 다시는 전쟁을 연습하지 아니하고"(3절).

　　미가는 하나님이 정의를 행하시니 "많은 민족들"과 "먼 곳 강한 이방 사람"이 다 그분 앞으로 나아오게 된다고 말한다. 이때 칼은 보습으로 다시 만들어진다. 즉 전쟁할 때 쓰는 도구가 농기구로 바뀌게 된다는 말이다. 한때는 파멸과 죽음을 가져왔던 수단이 이제는 생명을 부양하는 데 사용되는 것이다. 이로써 사망의 그림자로 채워졌던 장소가 새롭게 회복되어 생명을 잉태하고 생산하는 장소로 변한다. 더 이상의 투쟁은 필요하지 않다. 그러니 누구도 "전쟁을 연습하지 아니"한다.

　　우리는 미가가 사용하는 표현이 미묘하게 변화된 사실을 쉽게 눈치 채지 못할 수도 있다. 미가는 1장에서 사용된 표현을 가져와서 새로운 이미지를 연출한다. 예를 들면, 다음과 같은 구절들이 그러하다.

　　1장 3절: "여호와께서 … 땅의 높은 곳을 밟으실 것이라"
　　4장 1절: "여호와의 전의 산이 산들의 꼭대기에 굳게 서며"

　　1장 4절: "그 아래에서 산들이 녹고"
　　4장 1절: "작은 산들 위에 뛰어나고"

　　1장 7절: "그 새긴 우상들은 다 부서지고"

103

4장 3절: "무리가 그 칼을 쳐서 보습을 만들고"

미가가 이런 방법을 사용한 이유는 하나님이 그 백성을 회복시키실 때 그들이 처한 원래의 상황을 어떻게 회복시키시는지를 보여 주기 위해서다. 다시 말해 하나님이 불의와 억압과 우상숭배와 권력의 악용이라는 문제를 해결하실 때 단순히 그 백성을 다른 데로 옮기시지 않는다는 사실을 보여 주기 위해 원래의 표현을 그대로 가져와서 사용하는 것이다. 즉, 우리는 회복이라는 주제를 다룰 때, 심지어는 영원한 회복의 장소로서 새 하늘과 새 땅을 생각할 때조차도, 하나님이 어딘가 전혀 다른 장소로 우리를 옮기시는 일을 회복이라고 생각해서는 안 된다. 하나님의 회복은 옛 하늘과 옛 땅을 버리는 일이 아니라, 새 하늘과 새 땅으로 변화시키는 일이기 때문이다. 즉 우리가 이미 알고 있는 모든 것이 새롭게 변화되는 것이 회복이다.

마찬가지로 1장에서 시온의 딸이 저지른 죄에 대해 지적했던 미가는 이제 4장에서는 어떻게 시온에서 율법이 다시 나오게 되는지를 이야기한다. 즉 1장과 4장에서 모두 시온, 곧 예루살렘을 언급함으로써 그 동일한 장소에 어떤 변화가 나타났는지를 보여 주는 것이다. 다시 말해, 미가는 하나님 백성이 매일같이 타락과 분열을 경험하던 현장에서부터 회복이 시작된다는 사실을 보여 준다.

우리의 마음속에는 이런 소망이 솟구칠 수 있다. "하나님, 어서 오셔서 이 문제투성이 세상을 쓸어버리시면 좋겠습니다. 이 끔찍한 상황을 제거해 주세요. 더 이상 감당이 안 되어 절망스럽고 불안합니다. 저를 좀 건져 주세요!"

그러나 하나님의 방법은 우리의 생각과 다를 뿐 아니라 훨씬 더 선한 목적을 추구한다. 그분은 이렇게 말씀하신다. "네가 절망과 아픔을 겪는 바로 그 자리에서부터 회복의 역사를 시작하리라."

이런 회복의 원리를 깨달아야 하나님의 약속을 이해할 수 있다. 하나님은 완전히 새로워져 영원히 즐거워할 수 있는 상태로의 회복을 약속하시는데, 이는 원래의 존재가 버려지는 회복이 아니라 새롭게 변화되는 회복을 의미한다.

나는 10년 전에 지금 살고 있는 집으로 이사를 왔다. 당시 이 집은 미국인의 기준에서도 매우 오래된 집이었다. 정확히 1865년에 지어졌다. 그러니 손볼 게 한두 가지가 아니었다. 그중 6, 70년이 된 낡아빠진 창문은 당장 교체가 필요했다. 새로운 창문을 사다가 끼울 수밖에 없었다. 그때 내가 그 오래된 집을 아예 철거할 수 있을 만한 건축 장비를 다 갖추고 일을 했겠는가? 그렇지 않다. 우리는 집안에 있는 무엇인가를 손볼 때 그렇게 하지 않는다. 오히려 섬세하고 꼼꼼하게 작업한다. 원래의 아름다운 창틀은 제거하지 않고 그대로 두기도 한다. 세심한 주의를 기울이며 작업을 한다.

마찬가지로 하나님도 우리 인생을 회복시키실 때, 그리

고 죄로 인해 망가진 이 세상을 회복시키실 때 그렇게 하신다. 그분은 이전에 사용된 무기를 다 쓸어버리지 않으신다. 도리어 더 이상 사용할 수 없을 것 같은 무기를 생명을 살리는 도구로 바꾸신다. 죽음을 가져다주던 도구가 생명의 도구로 변모하는 것이다. 이런 하나님의 회복은 우리 인생에도 적용된다. 하나님은 제멋대로 망가져 회복 불능한 것만 같은 우리 인생을 본래의 아름다운 모습으로 회복시키겠다고 말씀하신다. 이처럼 하나님은 우리의 모습을 제거하지 않으시고 새롭게 변화시키신다.

:: 하나님 말씀이 주는 괴리감

성경에서는 시온산 또는 여호와의 산을 주제로 한 말씀을 볼 수 있다. 특히 히브리서 12장에 그와 관련된 매우 흥미로운 장면이 등장한다. 여기서 히브리서 저자가 염두에 둔 대상은 유대인으로서 기독교 신앙을 가진 사람들이었는데, 당시 그들은 극심한 핍박 아래 있으면서 기독교 신앙을 버리고 다시 유대교로 돌아오라는 유혹을 받고 있었다. 이런 상황에서 저자는 12장 22-24절에서 다음과 같은 내용을 전한다. "그러나 너희가 이른 곳은 시온산과 살아 계신 하나님의 도성인 하늘의 예루살렘과 천만 천사와 하늘에 기록된 장자들의 모임과 교회와 만민의 심판자이신 하나님과 및 온전하게 된 의인의 영들과 새 언약의 중보자(mediator)이신 예수와 및 아벨의 피보다 더 나은 것을 말하는 뿌린 피니라."

본문에서 우리는 모종의 긴장을 느낀다. 여기서 우리는 이미 시온산과 거룩한 도성과 예수님에게 이르렀다고 기록되어 있다. 하지만 현실적으로는 아픔과 절망과 억압과 불의를 겪고 있기 때문에 괴리감을 느낀다. 더 나아가 우리 주변만이 아니라 우리 자신의 마음속에서부터 우상숭배가 일어나기도 한다. 그렇다면 어떻게 해야 그와 같은 성경의 증언과 우리의 현실이 조화를 이룰 수 있을까? 그 둘 사이에 있는 긴장감을 해소하기 위해 무엇을 해야 할까? 이에 대한 답변은 바로 시온산에 계신 예수 그리스도로부터 주어진다.

:: 오직 그림자일 뿐

팀 켈러는 《팀 켈러, 고통에 답하다》(*Walking with God Through Pain and Suffering*)에서 20세기 초반에 필라델피아 제10장로교회에서 사역했던 유명한 설교자의 이야기를 소개한다.[2] 그의 이름은 도널드 그레이 반하우스(Donald Gray Barnhouse)였다. 그의 아내는 딸이 어렸을 때 죽게 되었다. 반하우스는 어린 딸에게 그 사실을 전달하는 데 도움이 되는 좋은 예화가 있었으면 좋겠다고 생각했다. 그러던 어느 날, 딸과 함께 차를 타고 가던 길이었다. 대형 트럭 한 대가 그들 옆을 지나갔다. 그 순간, 트럭이 만들어 낸 그림자가 그들이 타고 있던 차를 덮쳤다. 이때 반하우스는 딸에게 물었다. "애야, 만일 네가 이렇게 지나가는 트럭에 치였다고 한다면, 트럭과 부딪히는 게 좋았겠니, 아니면 트럭이 만들어 낸 그림자와 부딪히는 게 좋았겠니?" 그러자 딸이 대답했다. "아빠, 트럭보다 그림자가 훨씬 낫죠! 그림자는 날 해치지 못해요."

이에 그는 이렇게 말했다. "바로 엄마한테 일어난 일이 그와 같단다. 트럭의 그림자처럼 죽음이 엄마를 덮쳤지만, 엄마는 여전히 살아 있어. 실은 우리보다 더 생생하게 살아 있지. 하나님과 함께 있기 때문이야. 언젠가 우리는 엄마를 만나게 될 거야. 그런데 네가 꼭 알아야 하는 사실이 있어. 엄마가 죽을 때는 단지 그림자만 덮쳤지만, 예수님이 죽으실 땐 트럭이 덮쳤다는 거야. 트럭과 같은 심판이 예수님을 덮쳐서 우리에게는 그림자만 지나가게 되었어. 엄마에게도, 또 예수님을 믿는 모든 사람들에게도 그림자만 지나가게 된 거야."[3]

누군가 이렇게 물을 수도 있다. "하나님이 정말 우리를 다스리며 우리와 함께하겠다는 약속을 지키신다는 증거가 있습니까?"

물론이다. 하나님의 아들이 시온산 갈보리 언덕의 십자가에 달리신 게 그 증거이다. 그리고 그 산에서 드러난 빈 무덤이 그 증거이다. 다시 말해, 예수님이 삶과 죽음과 부활을 통해 성취하신 모든 것이 그 증거이다. 예수님의 부활은 그분의 지불이 완료되었음을 보여 주는 영수증과 같다. 우리가 우상숭배와 불의와 억압으로 초래한 빚을 그분이 다 갚으신 것이다.

:: 변화산 이야기

예수님의 죽음과 부활이 가져온 회복의 역사는 그 죽음과 부활에 앞서 소개되는 두 편의 에피소드를 통해 미리 암시된다. 한 가지는 변화산 위에서 일어나는 이야기이고, 다른 한 가지는 그 산 아래에서 펼쳐지는 이야기이다. "엿새 후에 예수께서 베드로와 야고보와 요한을 데리시고 따로 높은 산에 올라가셨더니 그들 앞에서 변형되사 그 옷이 광채가 나며 세상에서 빨래하는 자가 그렇게 희게 할 수 없을 만큼 매우 희어졌더라"(막 9:2-3).

이 장면은 하나님의 영광과 위엄과 임재를 보여 준다. 그리고 이어서 엘리야와 모세(Moses)가 나타나는 모습도 보여 준다. 이때 베드로는 이렇게 반응한다. "우리가 초막 셋을 짓되 하나는 주를 위하여, 하나는 모세를 위하여, 하나는 엘리야를 위하여 하사이다"(막 9:5).

여기서 베드로는 거룩하고 영광스러운 하나님 앞에 죄인이 함부로 다가갈 수 없다는 사실을 깨닫게 된다. 바로 이 하나님과 죄인 사이에 있는 단절은 에덴동산 이후로 계속되었다. 그런 이유로 하나님은 출애굽기 25-31장에서 성막, 즉 그분의 임재가 거할 수 있는 장소를 지으라고 명령하셨다. 그 장소에서만 백성과 만나시기 위함이었다. 이 성막은 하나님의 임재, 다시 말해 아무나 접근할 수 없는 그분의 거룩함을 상징했다. 그래서 베드로가 산 위에서 예수님의 거룩하고 영광스러운 모습을 보자 곧 초막(성막)을 짓겠다고 반응했던 것이다.

그러나 결국 그는 하나도 짓지 못한다. 왜일까? 하나님이 육신이 되어 오셨기 때문이다. 곧 하나님이자 인간이신 그분이 바로 성막이셨기 때문이다(즉 그분 안에서 우리가 하나님을 만날 수 있게 되었기 때문이다). 그렇기 때문에 다른 성막이 필요하지 않았다(영광스러우신 하나님께 나아갈 수 있는 길이 그분을 통해 주어지게 되었다).

산에서 내려온 제자들 앞에, 어떤 남자가 귀신들린 자기 아들을 데리고 나아온다. 이에 예수님은 아이가 언제부터 그랬는지를 물으시고, 그 남자는 어릴 때부터 그랬다고 대답한다. 그리고 다음과 같은 대화가 이어진다.

"귀신이 그를 죽이려고 불과 물에 자주 던졌나이다 그러나 무엇을 하실 수 있거든 우리를 불쌍히 여기사 도와주옵소서 예수께서 이르시되 할 수 있거든이 무슨 말이냐 믿는 자에게는 능히 하지 못할 일이 없느니라 하시니 곧 그 아이의 아버지가 소리를 질러 이르되 내가 믿나이다 나의 믿음 없는 것을 도와주소서 하더라 예수께서 무리가 달려와 모이는 것을 보시고 그 더러운 귀신을 꾸짖어 이르시되 말 못하고 못 듣는 귀신아 내가 네게 명하노니 그 아이에게서 나오고 다시 들어가지 말라 하시매 귀신이 소리 지르며 아이로 심히 경련을 일으키게 하고 나가니 그 아이가 죽은 것 같이 되어 많은 사람이 말하기를 죽었다 하나 예수께서 그 손을 잡아 일으키시니 이에 일어서니라 집에 들어가시매 제자들이 조용히 묻자오되 우리는 어찌하여 능히 그 귀신을 쫓아내지 못하였나이까 이르시되 기도 외에 다른 것으로는 이런 종류가 나갈 수 없느니라 하시니라"(막 9:21-29).

제자들은 그 아이에게 붙은 귀신을 쫓아낼 수 없었는데, 그 이유를 알지 못했다. 이에 예수님은 기도하지 않고는 그런 일을 할 수 없다고 말씀하신다. 귀신의 능력을 과소평가한 제자들은 자신의 힘으로 아이를 회복시킬 수 있다고 생각했다. 그러나 아이의 아버지는 그렇게 생각하지 않았다. 그래서 이렇게 말했던 것이다. "내가 믿나이다 나의 믿음 없는 것을 도와주소서!" 이 말은 "저는 충분한 의와 믿음을 가지고 있습니다. 그러니 제 요청을 들어주소서!"라는 뜻이 아니었다. 오히려 "저는 아무것도 가진 게 없습니다. 당신 앞에 내세울 만한 것이 없습니다. 의롭지도 않습니다. 무엇보다 제 아들을 고칠 수 없습니다. 그래서 당신의 도움이 필요합니다. 저는 믿음이 부족하고 의심도 많지만, 제 자신이 아니라 당신을 믿기에 이 아들을 당신께 데리고 왔습니다"라는 뜻이었다.

팀 켈러는 이렇게 말했다. "예수님께 나아갈 때는 완벽한 의가 아니라, 회개하며 도움을 구하는 마음이 필요하다"[4] 우리가 하나님께 도움을 바라며 회복을 간구할 때, 그분은 이렇게 말씀하지 않으신다. "나는 먼저 네게서 완벽한 의를 보기 원한다. 그런 후에 네가 할 일을 다하면, 그때 너를 돕겠노라." 또 이렇게 말씀하지도 않으신다. "할 수 있는 한 힘을 다해 상황을 개선하라. 그러면 내가 너를 도우리라." 만일 우리가 스스로를 도울 수 있다면, 왜 하나님께 회복을 간청하겠는가? 하나님은 우리에게 완벽한 의가 아니라, 회개하며 도움을 구하는 마음을 보기 원하신다.

우리가 기억해야 할 요점은 이것이다. 변화산에서 영광스러운 모습으로 나타나신 그분이 다름 아닌 우리의 불의 때문에 시온산에서 죽으신 그분이다. 우리의 우상숭배로 인해 그분이 형벌을 받으셨다. 그러므로 십자가야말로 '여호와의 전'이 '굳게 서' 있는 장소이다(미 4:1). 다시 말해 인간의 형체를 입으신 그분을 통해 하나님의 임재가 경험되는 장소가 십자가이다. 이 십자가 사건으로 인해, 이제 하나님의 거룩한 임재가 우리 가운데 거하게 되었다. 그로 인해 모든 절망스런 상황 속에서도 우리는 그분의 도움을 받아 새롭게 변화되는 회복을 경험할 수 있다. 우리는 단지 이렇게 기도해야 한다. '하나님,

저는 어떤 능력도 없습니다. 제 힘으로는 이 일을 감당할 수 없습니다. 믿음조차 부족합니다. 그래서 당신께 나아갑니다. 저를 도와주소서.'

:: 소망이 가져오는 변화

팀 켈러는 앞서 소개한 《팀 켈러, 고통에 답하다》(*Walking with God through Pain and Suffering*)에서 큰 범죄로 기소되어 장기간의 징역 선고를 받은 두 죄수의 이야기를 들려준다. 한 사람은 징역살이를 시작한 지 얼마 되지 않았을 때, 자기 아내와 아들이 죽었다는 소식을 듣게 된다. 그리고 다른 한 사람은 자기 아내와 딸이 아직 살아 있다는 소식을 듣게 된다. 이런 일이 각자의 교도소 생활에 어떤 영향을 미치게 되었을까?

우선 아내와 아들이 모두 죽었다는 소식을 들은 죄수는 그 후로 2년의 시간을 겨우 버티다가 감옥에서 생을 마친다. 그러나 아내와 딸이 살아 있다는 소식을 들은 죄수는 감옥의 혹독한 조건을 견뎌내고 10년 후 석방되어 가족을 다시 만나게 된다.[5]

이 이야기가 주는 교훈은 다음과 같다. 곧 우리의 장래에 일어날 사실을 아는 일은 현재의 경험에 영향을 미친다. 살아가며 만나게 되는 고통과 억압과 불의를 어떻게 견뎌야 할지를 알게 해 준다. 이와 마찬가지로 하나님이 예수 그리스도 안

안에서 이미 회복의 역사를 시작하셨다는 사실을 우리가 안다면, 그리하여 모든 상황에서 우리를 회복의 길로 인도하시며(롬 8:28) 언젠가는 그 회복을 완성하실 날이 오리라는 사실을 안다면, 현재의 고난을 인내할 힘을 얻게 된다. 비록 이 땅을 살며 때로는 감옥과 같은 거친 상황에 처하더라도 인내할 힘이 생긴다. 이는 약속하신 이(the promise-maker)가 곧 약속을 이루시는 이(the promise-keeper)심을 기억할 때 이루어진다.

　　미가서 4장이 우리에게 보여 주는 소망이 여기에 있다. 이 소망은 세상 속에 유배되어 고통을 겪고 있는 우리의 인생을 붙들어 준다. 미가의 메시지를 십자가의 관점으로 읽게 될 때, 우리는 자의든 타의든 인생에서 씨름하는 온갖 아픔과 절망과 고뇌 속에서도 소망의 빛을 발견하게 된다. 모든 불의와 억압으로 야기된 죽음을 예수님이 감당하셨다. 그 결과 이 타락한 세상을 살아갈 때 오직 그림자만이 우리를 덮치게 된다. 이처럼 우리는 이미 회복을 경험하기 시작했으며, 언젠가 그 회복이 완성되리라는 사실을 잘 알고 있다. 사망은 패배했으며 그 쏘는 것을 잃어버렸다(고전 15:55). 더 이상 우리를 두렵게 하지 못한다(미 4:4). 마찬가지로 하나님은 이미 우리와 동행하시며 성령으로 우리 안에 거하기 시작했고, 언젠가는 그 임재를 완전하게 드러내실 것이다. 그분은 현재의 고난이 결론이 아님을 계속해서 말씀하신다. 오히려 최종적인 소망이 우리 앞에 있음을 알려 주신다. 그렇다. 사망이 달려와 예수님을 덮쳤기 때문에 우리에게는 오직 그림자만 지나갈 뿐이다. 그래서 이렇게 고백할 수 있게 되었다. "오직 우리는 우리 하나님 여호와의 이름을 의지하여 영원히 행하리로다"(미 4:5).

●

회복에 이르는 긴 여정

4:6-13

여호와께서 거기서 너를
네 원수들의 손에서
속량하여 내시리라

어떻게 하면 세상의 타락과 분열을 경험하는 현재 상태로부터 하나님 백성이 언젠가 누리게 될 영광스러운 미래로 나아갈 수 있을까? 이제부터 이어질 두 장에 걸쳐서는 바로 그 중간에 자리한 시간, 즉 우리가 지금 겪고 있는 현재와 앞으로 누리게 될 미래 사이에 놓인 시간에 대해 살펴보려고 한다.

이번 장의 제목은 '회복에 이르는 긴 여정'이다. 그 이유는 하나님께서 우리에게 회복에 이르는 지름길을 주시지 않기 때문이다. 많은 사람들은 이미 알고 있다. 인생에서 진정 아름답고 가치 있는 일은 그 순간에 이르러서야 경험할 수 있다는 사실을 말이다. 종착지까지 빨리 갈 수 있는 길은 없다. 나는 오랜 시간 건강을 쉽게 돌볼 수 있는 지름길을 찾아 헤맸다. 그래서 거의 모든 방법을 알아봤지만, 쉽고 간단한 길은 없다는 사실을 인정할 수밖에 없었다. 건강을 관리하기 위해서는 몸을 움직여 운동을 하는 수밖에 없었다.

회복에 이르는 여정도 마찬가지다. 그 길은 멀고, 좁고, 거칠다. 이제 그 길 위에 선 우리는 세 가지 이정표를 만나게 될 것이다. 먼저는 '고통으로부터'(from pain) 벗어나는 회복의 이정표이다. 이때 회복이란 고통과 아픔으로부터 치유되는 과정을 의미한다. 다음으로는 '고통을 통한'(through pain) 회복의 이정표이다. 이는 현대인들에게 낯설게 느껴질 수 있는 표지이다. 왜냐하면 우리 모두가 고통으로부터 벗어나기 원하지 고통을 통한 회복이 있다고는 잘 생각하지 않기 때문이다. 끝으로는 '고통 안에서'(in pain) 제공되는 회복의 이정표이다. 이는 우리가 겪는 고통 안에서 새로운 관점을 갖게 되는 회복을 의미한다.

:: 고통으로부터의 회복

앞서 살펴보았듯이, 미가 시대의 이스라엘 백성은 가혹한 억압의 피해자이자 동시에 가해자였다. 그들의 삶에는 불의가 횡행했고, 지도자들은 권력을 악용하며 소외된 이들을 착취하고 이용했다. 이것이 그 당시의 현실이었다. 하나님의 백성은 그처럼 인생을 짓누르는 고통 아래 신음하고 있었는데, 그 원인의 상당 부분이 우상숭배에 있었다. 그런데 이미 확인한 바와 같이 하나님은 그 고통스러운 상태가 지속되지 않을 것이라는 사실을 알려 주기 원하셨다. 우리는 흔히 현재의 상황이 앞으로 경험하게 될 미래와 연결될 것이라 생각하지만, 하나님의 생각은 그와 다르다. 그분은 우리가 언젠가 누리게 될 장래의 모습을 보여 주시며, 그 소망에 비추어 현재를 이해하게 하신다. 그런 차원에서 우리가 기억해야 할 사실은 우리는 분명 고통으로부터 벗어나 회복을 경험하게 된다는 것이다.

여기서 잠시 고통에 대한 변증적인(apologetic) 설명을 덧붙이고자 한다. 참된 기독교는 고통을 이해하는 일반적인 접근과는 다른 관점을 제시한다. 어떤 이들은 고통의 존재 자체를 부인하려고 한다. 또 어떤 이들은 고통이 모두 지나가리라는 근거 없는 낙관론을 펼치기도 한다. 그리고 흔히 사람들은 고통과 아픔의 문제야말로 기독교가 가진 가장 심각한 문제라고 말한다. 그러면서 기독교는 그런 문제에 대해 별다른 답변을 가지고 있지 않은 것처럼 보인다고 한다. 이에 대해 우리가 알아야 할 사실은 고통의 문제란 단지 기독교의 문제만이 아니라는 것이다. 물론 고통은 까다로운 문제이며 결코 간단히 설명할 수 없다. 그러나 고통의 문제는 모든 사람이 피할 수 없는, 말하자면 어떤 인생이나 세계관에서도 마주할 수밖에 없는 문제이다. 그래서 어떤 사상이나 제도든 결국에는 고통의 문제에 대해 합리적인 대응을 하지 않으면 안 된다. 단지 기독교만 그에 대해 답변해야 하는 게 아니다. 고통이란 인문주의, 무신론, 동양 신비주의(eastern mysticism), 심지어는 불가지론(agnosticism)마저도 피할 수 없는 문제이다. 결국 고통의 경험은 지극히 보편적이기에 모든 이가 고통의 문제를 떠안고 있다고 말할 수 있다.

따라서 고통을 피하고자 하는 충동도 보편적이라고 할 수 있다. 우리 모두가 꿈꾸며 갈망하는 바가 무엇인가? 바로 고통에서 벗어나는 것이다. 그래서 흔히 이렇게 생각한다. '수많은 시련, 골치 아픈 사람들과 상황들, 언제쯤 내 삶에서 이런 아픔과 고통이 다 끝나게 될까? 단 하루라도 고통 없는 날이 온다면 좋겠다.' 이처럼 모든 사람은 고통을 피할 수 있는 날이 오기를 기다린다.

혹 누군가가 재정적인 상태가 안정되기를 바란다면, 그 이유는 당연히 불안정한 재정에서 오는 긴장과 스트레스를 피하고 싶기 때문일 것이다. 아니면 고단한 현실에서 겪는 육체적 고통을 피하고 싶을 수도 있고, 사회적 지위가 낮아지거나 상실될 수 있는 위험을 당하고 싶지 않을 수도 있다.

또 어떤 사람은 자신을 만족시키는 사랑의 관계를 원할 수도 있다. 왜냐하면 인생의 무게를 홀로 감당할 때 찾아오는 정신적 고통을 피하고 싶기 때문이다. 더 단순히 말하면, 혼자 있어 외로워지는 게 싫기 때문이다. 물론 독신으로 살아갈 때 따라올 수 있는 타인의 시선도 피하고 싶을 것이다.

이러한 갈망은 그 자체로 문제가 되지는 않는다. 이 모든 갈망은 우리가 겪는 고통을 스스로 극복해 보려는 필사적인 노력일 뿐이다. 누구나 다 인생에서 고통을 겪지 않기를 원하기 때문이다. 성경은 우리가 겪는 고통의 경험을 있는 그대로 다룬다. 그러면서 또한 미가서 4장에서처럼, 언젠가 그 고통의 문제가 해결되리라는 약속을 제시하기도 한다. "여호와께서 말씀하시되 그날에는 내가 저는 자를 모으며 쫓겨난 자와 내가 환난 받게 한 자를 모아 발을 저는 자는 남은 백성이 되게 하며 멀리 쫓겨났던 자들이 강한 나라가 되게 하고 나 여호와가 시온산에서 이제부터 영원까지 그들을 다스리리라"(6-7절).

여기에서 두 부류의 사람들이 언급된다. 한 부류는 '저는 자'라고 표현되는데, 이는 우리 자신이 겪는, 다시 말해 우리 안에 고통의 문제를 가지고 있는 경우를 가리킨다고 볼 수 있다. 또 한 부류는 '쫓겨난 자'라고 표현되는데, 이는 우리 밖에 있는 상황에서 비롯된 고통의 문제를 가진 경우를 나타낸다. 이처럼 고통이 우리 안에서 경험되든 혹은 밖에서 찾아오든, 하나님은 그 모든 고통으로부터 우리를 회복시키겠다고 약속하신다.

사람들을 겉으로만 봐서는 그들이 얼마나 고통을 안고 살아가는지 모를 수 있다. 우리는 고통을 피하려는 자(pain-avoiders)이면서 동시에 고통을 숨기려는 자(pain-hiders)이기 때문이다. 하지만 각 사람은 온갖 종류의 상처, 긴장, 걱정, 불안,

스트레스를 겪으며 살아간다. 겉으로는 잘 지내는 듯하다. 그러나 연못의 오리처럼 겉으로는 평온해 보이는 사람이라도 속으로는 치열하게 발을 구르는 법이다. 이처럼 우리 인생을 가만히 들여다보면, 거기에는 혼란과 동요가 계속해서 일어나고 있다. 바로 이러한 상황에 처한 우리에게 하나님은 소망의 비전을 제시하신다. 그분은 우리 안팎에서 일어나는 모든 고통으로부터 우리를 회복시키겠다고 약속하신다. 그래서 "발을 저는 자는 남은 백성이" 되어 하나님의 구원을 경험하고, "멀리 쫓겨났던 자들[은] 강한 나라가" 되는 새로운 역사가 펼쳐진다(7절).

:: 발을 저는 인생에 찾아오신 하나님

앞서 언급된 구절은 창세기 32장 22-32절을 암시한다. 이 구절에서 사용된 '발을 절다'라는 표현은 흔히 이사야서와 같이 새 창조에 관한 약속을 제시하는 본문(사 35:6)이나 이후 그 약속을 성취하시는 예수님의 사역을 소개하는 본문(요 5:3)에서 사용되는 단어와는 다르다.

여기서 미가 선지자가 사용한 단어는 창세기 32장에서 하나님과 씨름한 후 발을 절게 된 야곱의 모습을 나타낼 때 사용된 단어이다. 우리는 창세기 32장에 등장하는 장면을 살펴보기에 앞서, 야곱이 가졌던 문제가 무엇이었는지를 생각해 볼 필요가 있다. 일단 야곱은 하나님과 형 에서, 그리고 아버지 이삭으로부터 도망친 자였다. 곧 자신이 처한 상황에서 겪던 고통을 피하려고 한 사람이다.

창세기 25장 28절을 보면, 이삭이 에서를 사랑했다는 사실을 확인할 수 있다. 이는 이삭이 에서도 사랑하고 야곱도 사랑했다는 뜻이 아니다. 그가 야곱의 형을 특별히 사랑했다는 의미이다. 만일 어떤 이유에서든 당신의 아버지가 당신의 형제만 사랑하고 당신은 사랑하지 않는다면, 그런 집안에서 살아가는 기분이 어떻겠는가? 당신이 아무리 노력해도 아버지의 기대나 기준을 만족시킬 수 없다. 학창 시절에도 아버지는 언제나 형만 자랑스러워하신다. 그가 당신보다 더 좋은 학교에 다니거나, 운동을 잘하거나, 음악에 소질이 있거나, 혹은 더 잘생겼을 수 있다. 그러나 이유가 무엇이든 간에, 그에게 쏟아지는 아버지의 사랑이 당신에게는 주어지지 않는다.

이야기는 이런 상황을 함축하고 있다. 그래서 결국 야곱은 형의 장자권(birthright)을 가로채기에 이른다. 그 장자권은 하나님이 그들의 할아버지 아브라함에게 약속하신 복을 받을 수 있는 권한을 의미했다. 이 권한을 아브라함은 이삭에게 전해 주었고, 이삭은 다시 에서에게 전해 주고자 했다. 그런데 야곱이 이를 가로챈 것이다. 그 결과 창세기 27장 41절에서 말하듯이, 에서는 야곱을 미워하게 된다. 야곱의 인생은 아버지로부터 사랑을 받지 못했을 뿐 아니라, 이제는 형

으로부터도 미움을 사게 된 것이다. 그래서 형은 그를 죽이고
자 했다. 이에 야곱은 방랑자가 되었다. 도망치는 신세가 된 것
이다. 결국 다시 돌아오기까지는 수십 년이 걸린다. 이러한 정
황에서 야곱이 하나님을 만나 씨름하게 되는데, 이 사건이 창
세기 32장 24-32절에 기록되어 있다. 본문에서는 사람의 모습
을 하신 하나님이 야곱을 붙들고 씨름하신다. 이때 그의 허벅
지 관절을 치시고 그로 인해 야곱은 부상을 입어 절뚝거리게
된다. 그러나 동시에 하나님의 복을 받는다. 남은 생애 동안 그
는 걸을 때마다 발을 절었지만, 그 고통을 겪을 때마다 자신이
하나님과 씨름했던 사건과 그 결과로 복을 받게 된 일을 기억
하게 되었을 것이다.

　　여기서 우리는 야곱이 발을 절게 된 일을 두고 하나님의
형벌이라고 말하지 않는다. 오히려 그 일은 야곱을 치유하기
위한 사건이었다. 그 일을 통해 야곱은 하나님이 자신과 함께
하시며 자신을 회복시키셨다는 사실을 기억할 수 있게 되었
다. 심지어 자신의 이름이 '속이는 자'라는 뜻을 가졌어도 말이
다. 이처럼 그는 방랑자가 되어 하나님 앞에서 약속의 땅을 등
지고 도망쳤지만, 하나님이 그를 찾아가셨고 고통으로부터 회
복시키셨다. 야곱의 고통은 그를 둘러싼 상황으로부터 주어지
기도 했고, 그 상황에 대한 자신의 반응으로 인해 일어나기도
했다. 그러나 하나님은 발을 절게 된 야곱의 인생을 회복시키
는 자가 되어 주셨다. 미가는 이처럼 절뚝거리는 야곱의 모습

을 담고 있는 표현을 사용해서 지금도 하나님이 자기 백성을 그렇게 다루신다는 사실을 암시한다. 어쩌면 우리 인생도 절뚝거릴 수 있지만, 그 고통은 우리가 받은 복을 떠올리게 만든다. 그리고 여기서 우리에게 남겨진 것은 고통이 아니라 그 고통을 통해 찾아온 복이다.

:: 고통은 회복을 위한 길이다

우리는 앞서 언급한 두 번째 이정표를 만나게 된다. 바로 하나님이 우리를 고통에서부터 벗어나게 하실 뿐 아니라 또한 고통을 통해 회복시키신다는 핵심을 생각해야 할 때가 왔다. 하나님은 지금도 "해산하는 여인처럼 고통"(9절)하는 자기 백성의 시선을 그에 못지않은 고통이 기다리고 있는 미래로 옮기신다. "딸 시온이여 해산하는 여인처럼 힘들여 낳을지어다 이제 네가 성읍에서 나가서 들에 거주하며 또 바벨론까지 이르러…"(10절).

그러면서 회복을 말씀하신다. "…거기서 구원을 얻으리니 여호와께서 거기서 너를 네 원수들의 손에서 속량하여 내시리라"(10절).

이 구절의 강조점은 10절 하반절에 있다. 여기서 언급된 '거기서'는 바벨론을 가리킨다. 거기서 하나님은 그들을 회복시키겠다고 말씀하신다. 미가는 이미 하나님 백성이 "자기 포도나무 아래와 자기 무화과나무 아래에 앉을 것이라 그들을 두렵게 할 자가 없으리"(4절)라는 약속을 제시한 바가 있다. 이는 회복의 약속이었다. 그런데 하나님은 이 약속이 단지 고통으로부터 벗어나는 과정만이 아니라 고통을 통해서도 이루어지리라고 말씀하신다. 이를테면 다음과 같다. "너희는 바벨론으로 유배되어 포로 생활을 하게 되리라. 또 거기서 너희는 다른 민족에게 압제를 당하게 되리라. 나의 임재를 상징하는 성전이 있는 이곳, 이 예루살렘으로부터 멀리 떨어진 땅에 살며 대적의 통치를 받게 되리라. 그러나 기억하라. 내가 너희를 버려두지 아니하리라."

여기서 미가는 '해산'이라는 유비(analogy)를 적절하게 사용한다. 대부분의 사람들이 기꺼이 감수하고자 하는 고통이 바로 해산의 고통이다. 우리 가정의 경우, 막내가 벌써 열네 살이 되었다. 그러니 아이들이 태어난 지가 오래된 셈인데, 나는 지금도 막내가 태어나던 날을 생생하게 기억한다(물론 아내만큼은 아니겠지만 말이다). 만일 당신이 출산의 과정을 지켜본 아빠라면, 혹은 그 과정을 직접 겪은 엄마라면, 그 시간이 얼마나 고통스러운지 잘 알 것이다. 하지만 그 시간은 또한 놀라운 시간이기도 하다. 왜냐하면 새로운 생명이 그 시간을 통해 탄생하기 때문이다. 사람이 아이를 해산하려고 고통 받는 이유가 거기에 있다. 산모는 아이를 보고 싶은 마음에 모든 고통을 감수한다. 바로 그 고통을 통해 축복을 경험할 수도 있다.

이와 마찬가지로 성경에서 약속된 회복도 때로는 고통을 통해 주어진다. 미가는 해산의 고통과 몸부림이라는 메타포를 사용해서 회복이 어떤 방식으로 일어날 수 있는지를 보여 준다. 그는 바벨론으로 사로잡혀 갈 날이 임박했다고 경고한다. 그리고 하나님은 거기서 자신의 백성이 겪는 고통이 심할지라도 그 시간을 통해 그들을 회복시키겠다고 약속하신다. 이를테면 다음과 같이 말이다. "이제 너희는 고통과 아픔을 겪게 되겠지만, 너희를 결코 버려두지 않으리라. 그 시간을 통해 너희를 회복시키리라." 이렇듯 그들은 고통을 거쳐 회복의 길로 나아가게 되었다.

:: 고통의 순간 찾아오는 회복을 마주하다

피터 버거(Peter Berger)는 말했다. "모든 세계관과 문화와 개인은 고통과 아픔의 경험에서 의미를 발견하고 싶어 한다."[1] 그렇다. 모든 사람은 고통의 이유를 알기 원한다.

이에 대해 성경은 하나님이 자기 백성을 고통으로부터 피신시키기보다는 고통을 통해 그들을 회복시키신다고 가르친다. 성경은 이 진리를 끊임없이 상기시키기 때문에, 우리는 혹 많은 고통이 있더라도 거기에 어떤 의미와 목적이 있음을 생각하게 된다. 그리고 예로부터 많은 사람들도 바로 이 '고통의 효용성'(the usefulness of suffering)에 대해 이야기해 왔다.

도덕심리학자(moral psychologist)인 조너선 헤이트(Jonathan Haidt)는 다음과 같이 설명했다.

> 사람들은 뛰어난 능력과 성취와 개인의 발전을 이루기 위해 역경과 좌절과 심지어는 깊은 상처까지 필요로 한다.[2]

이 책에서 헤이트는 그렉(Greg)이라고 불리는 한 젊은 사람의 이야기를 들려준다. 그렉의 아내는 간음을 저지르고 다른 남자와 살기 위해 결혼 생활을 끝내기로 작정했다. 두 명의 어린 자녀를 데려가려고 하자, 그렉은 양육권을 놓고 그녀와 싸운다. 당시 그렉은 대학에서 가르친 지 얼마 안 되는 신임 교수로 수입이 많지 않았다. 그래서 많은 스트레스와 두통과 고생 끝에 힘들게 양육권을 차지하게 된다. 하지만 학교에서 매일 가르쳐야 했기 때문에 아이들을 돌볼 수 있는 여력이 없었다.

어느 날, 그렉의 친구였던 헤이트가 그의 집을 방문하고는 크게 놀란다. 곤경에 처한 그렉을 돕기 위해 마을 이웃과 교회 성도들이 그를 위해 기도하고 후원하며 사랑을 전달한 사실을 알게 된 것이다. 심지어는 먼 곳에 떨어져 살던 그의 부모도 손주들을 돌보기 위해 그가 사는 지역으로 이사를 왔다. 헤이트는 이렇게 회고한다. "그와 이야기를 나누며, 매우 강력한 어떤 일이 삶에 일어났다는 사실을 알게 되었다. 그때 난 거의 숨이 멎을 뻔했다." 그리고 그 일의 의미를 다음과 같이 설명한다.

> 오페라를 보면, 아주 중요한 대목이 등장하는 순간이 있다. 바로 '아리아'라고 하는 흔히 슬프면서도 감동적으로 느껴지는 독창 부분이다. 그 순간에 일어나는 일이 있는데, 독창이 울려 퍼지는 아리아를 통해 전체 이야기에 어떠한 변화가 생기는 것이다. 이제 이야기는 슬픔을 지나 무엇인가 기이하고도 아름다운 상태로 향한다. (그날 그렉은 나한테 이렇게 말했다.) '혼자 노래를 해야 할 때가 온 거야. 원하진 않지만, 그래야 할 때가 왔어. 근데 무엇을 할 수 있을까? 과연 이 상황을 이겨낼 수 있을까?'[3]

결국 그렉은 자기 인생의 아리아를 불렀다. 그리고 삶을 바라보는 그의 관점이 전체적으로 바뀌게 되었다. 이제 모든 일은 그가 겪은 고통과 아픔에 비추어 새로운 의미를 갖기 시작했다. 헤이트는 그렉이 마침내 진정한 자신을 발견하게 되었다고 이야기한다.

> 더 깊은 동정심과 사랑과 용서하는 마음을 품고 사람들을 대하게 된 그는 더 이상 작은 일로 화를 내지 못했다.[4]

이제 사소한 일들이 사소하게 느껴졌다. 왜냐하면 훨씬 더 큰 고통과 아픔과 상처와 배신을 당했기에, 작은 일들이 그를 괴롭히지 못하게 된 것이다. 여기서 헤이트는 고통이 가져다주는 세 가지 교훈 또는 유익을 정리한다. 먼저는 회복에 이르는 능력이 증가한다. 다음으로는 더 깊은 인간관계를 맺게 된다. 그리고 더 나아가 우선순위가 분명해진다.

사회학자들은 우리가 살아가는 방식에 영향을 미치는 네 가지 범주의 목표가 있다고 설명한다. 바로 개인의 행복, 관계의 형성, 영혼의 성장, 그리고 사회 발전에 대한 기여이다. 또한 여기서 우리가 단지 개인의 행복과 성취만을 추구하게 된다면, 역경을 만났을 때 절망할 수밖에 없다고 말한다. 무엇을 해야 할지 모르기 때문이다. 다른 모든 목표는 역경의 시간을 통해 더 분명하게 성취되지만, 개인의 행복 추구는 그렇지 않다.

만일 당신의 유일한 관심사가 당신 자신만의 행복이라면, 조금이라도 어려운 일이 닥칠 때 그 사소한 일로 무너지는 인생을 경험하게 된다. 어떤 새로운 관점도 얻을 수 없다. 혹 당신이 아주 작은 일에도 불평하며 못 견딘 적이 있다면, 다름 아닌 자신의 행복과 성취에만 마음을 두었기 때문이다. 그래서 역경이 찾아오면, 무너지고 마는 것이다. 어떻게 해야 할지를 모르기 때문이다. 그러니 우리는 지금 당장 눈 앞의 행복을 이루기 위한 과정으로 인생을 대하지 말고, 좀 더 넓고 큰 세계를 그 안에서 발견해 가야 한다. 그리하여 때로는 어려움에 대처하며, 그 고통을 아리아로 승화시킬 수 있어야 한다. 그러고 나서 바로 그 고통을 통해 회복이 찾아오는 순간을 목격해야 한다. 마치 분만실에서 그러하듯, 미가 시대의 하나님 백성이나 오늘날 우리에게도 회복은 그렇게 주어질 수 있다. 행복은 하나님이 우리에게 주시는 선물이지만, 그 행복은 때로 고통을 통해 찾아온다. 이는 우리가 고통으로부터 벗어나기 전에 경험할 수 있는 진리다.

:: 고통이 가져다주는 새로운 관점

마지막으로 우리 앞에 세 번째 이정표가 남아 있다. 바로 고통이 가져다주는 새로운 관점에 대해 생각해 볼 차례다. 13절에서 미가는 이스라엘 백성의 고통을 지켜보시던 하나님이 그들에게 더욱 강해지라고 말씀하시는 장면을 보여 준다. 하나님이 그들과 함께하시며 승리의 소망을 가져다주시는 장면이다. 그리고 이에 앞서 8절에서는 그 회복이 다름 아닌 이스라엘을 다스릴 왕에 의해 주어진다는 비전을 제시한다. "딸 시온의 산이여 이전 권능 곧 딸 예루살렘의 나라가 네게로 돌아오리라."

하나님은 여기서 샬롬(shalom)을 이 땅에 실현할 왕을 약속하신다. 그리고 이 약속의 성취는 예수 그리스도를 통해 이루어진다. "그가 큰 자가 되고 지극히 높으신 이의 아들이라 일컬어질 것이요 주 하나님께서 그 조상 다윗의 왕위를 그에게 주시리니 영원히 야곱의 집을 왕으로 다스리실 것이며 그 나라가 무궁하리라"(눅 1:32-33).

그러나 이 과정에 예상치 못한 반전이 나타난다. 바로 십자가다. 예수님은 이 땅에 오시자마자 샬롬이 구현되는 나라를 이루어 회복의 약속을 영원히 성취하신 게 아니다. 오히려 바벨론 유배와 같이 낯선 심판을 몸소 당하시기 위해 이 땅에 오셨다. 곧 십자가에서 우리가 받아야 했던 단절, 바로 하나님의 사랑과 축복으로부터 완전히 끊어지는 단절을 겪으러 오셨다. 그럼으로써 우리는 죄의 노예로 붙잡혀 유배지에 있지 않고 예수님이 계셔야 했던 자리, 즉 하나님의 품으로 돌아가게 되었다. 그렇기에 주님은 고통이 무엇인지를 몸소 경험하여 아신다.

세상은 우리에게 시련과 아픔을 주지만, 하나님은 우리로 하여금 그 모든 과정을 피하게 하시기보다 통과하게 하심으로써 우리를 고치신다. 나는 개인적으로 이러한 진리가 사실임을 확인하기까지 오랜 세월을 보내야 했다. 그 시간을 지나며 수많은 좌절과 실패, 거절과 상처, 결핍과 단절, 차별과 소외, 그리고 억압을 경험하게 되었다. 아마 당신도 비슷한 경험을, 아니 어쩌면 그보다 더 심한 경험을 했을지도 모른다. 그런데 지금 확실히 말할 수 있는 사실은 하나님의 목적은 나를 그런 상황에서 피신시키는 데 있지 않았다는 것이다. 그분은 내가 그 과정을 통과하기를 원하셨고, 그럼으로써 교훈을 얻기 원하셨다. 고통 안에서 나를 회복시키고자 하신 것이다. "이는 환난은 인내를, 인내는 연단을, 연단은 소망을 이루는 줄 앎이로다"(롬 5:3-4).

만일 우리가 어떻게 하나님이 우리가 당하는 고통을 선용하시는지 모른다면, 그래서 인생 가운데 일어나는 모든 고통을 거부하며 어떻게든 피하려고만 한다면, 우리 자신은 그야말로 깊이가 얕고 피상적인 사람밖에 되지 못할 것이다. 왜냐하면 그분이 우리를 빚고 정화하고 회복시킬 때 사용하시는 고통이라는 도구를 우리가 받아들이지 않기 때문이다. 그 도구는 사실상 우리를 치유하기 위한 도구이다.

:: 고통, 하나님의 부재가 아닌 임재를 경험하는 자리

이사야 42장에는 고난 받는 종, 곧 메시아에 관해 다음과 같이 예언하는 본문이 등장한다. "상한 갈대를 꺾지 아니하며 꺼져가는 등불을 끄지 아니하고"(사 42:3).

이 내용은 어떤 의미인가? 여기서 '상하다'라는 뜻으로 번역된 히브리 단어는 그저 몸에 난 가벼운 상처를 나타내는 말이 아니다. 이는 말 그대로 치명적인 결과를 가져다줄 수 있는 충격이나 외상(contusion)을 가리킨다. 즉, 이 본문에서 묘사된 갈대는 타격을 받아 거의 부러지기 직전에 있는 상태라고

볼 수 있다. 그리고 메시아는 바로 그런 상태에 있는 갈대를 꺾지 않으시는 분으로 소개된다. 그처럼 상한 갈대를 매우 부드럽게 대하신다는 것이다. 마찬가지로 불빛이 흐려지며 거의 꺼져가는 등불이 있다. 그런데 메시아는 그런 등불이 필요 없다고 생각하며 불을 끄지 않으신다. 오히려 그 불빛을 살리신다. 이처럼 예수님은 소외되고 절망에 빠진 자들을 돌보기 위해 오셨다. 곧 삶이 깨지고 아픔과 상처투성이인 인생을 위하여 오셨다. 여러 가지 고통을 겪고 있는 우리 같은 자들을 위하여 오셨다는 말이다. 그분은 맞고, 부서지고, 멍들고, 버려진 인생을 거칠게 대하지 않으신다. 결코 그러지 않으신다. 오히려 부드럽게 대하며 고통 속에서 회복에 이르게 하신다. 고통으로 그 인생이 꺾이지 않도록 인도하신다.

J. R. R. 톨킨의 《반지의 제왕》(*Lord of the Rings*)에서 늘 자신의 모습과 씨름하는 골룸은 다시 호빗으로 변화되어 현재의 고통에서 벗어나기를 바란다. 그러나 샘와이즈 갬지가 등장해 그 소망은 영원히 물거품이 된다. 예수님은 우리 인생에 그렇게 등장하지 않으신다. 상하고 꺼져가는 우리를 영원히 그 상태로 두지 않으신다. 그분은 우리를 회복시키기 위해 오셨다. 비록 우리 앞에 놓인 길이 멀고 좁으며 때로는 오르막이 될 수도 있지만, 회복에 이르는 길임에 틀림없다. 회복의 주님이 우리와 동행하시기 때문이다.

하나님은 우리가 겪고 있는 고통과 아픔을 완전히 다른

관점에서 우리가 바라볼 수 있기를 원하신다. 그래서 우리의 관점이 정말 바뀐다면, 아침에 일어날 때는 물론이고 하루 종일 생활하며 무슨 일을 만난다 하더라도 그분께 감사하는 마음을 갖게 될 것이다. 좋은 일이든 나쁜 일이든, 좋아하는 일이든 싫어하는 일이든 상관없이, 인생에서 겪는 다양한 일들에 의미와 목적이 있음을 알게 될 것이다. 그 결과 "왜 이런 일이 닥친거야?"라거나 "어쩌다 이렇게 괴로워하고 있지?"라며 불평하기보다는 현재의 고통 속에서 회복이 주어진다는 사실을 알고 소망을 품고 살아가게 될 것이다. 이것이 미가가 하나님 백성에게 보여 주는 새로운 관점이다. 고통과 아픔은 하나님의 부재를 의미하지 않는다. 그분은 고통 속에서 우리를 회복시키기 원하시기에, 그 아픔이야말로 하나님의 임재를 경험할 수 있는 자리다.

> 이제 네가 성읍에서 나가서 들에 거주하며 또 바벨론까지 이르러 거기서 구원을 얻으리니 여호와께서 거기서 너를 네 원수들의 손에서 속량하여 내시리라(10절).

06

●

이스라엘을 다스릴 목자

5:1-5a

●

베들레헴 에브라다야
너는 유다 족속 중에 작을지라도
이스라엘을 다스릴 자가
네게서 내게로 나올 것이라

앞서 우리는 하나님이 그 백성에게 주신 소망의 비전을 살펴보았다. 곧 그들에게 회복이 약속되었는데, 그 회복은 멸망과 유배로 이어지는 고통을 통해 찾아올 것이다. 이제 그러한 회복 자체보다도 회복을 일으키는 자, 바로 회복시키는 자(the restorer)에게 초점을 맞추고자 한다.

만약 어떤 회사나 단체 또는 기관이 가진 문제를 조사하여 해결하고자 한다면, 누가 그 일을 이끌 적임자인지를 생각해 보지 않을 수 없을 것이다. 그 일을 맡아서 책임질 수 있는 리더는 일을 제대로 처리할 수 있는 자질을 갖춘 사람이어야 한다. 누군가는 현안에 대한 박식한 이해력을 갖춘 리더를 바랄 수 있다. 또는 모든 상황을 살피고 세심한 주의를 기울이는 인물을 기대할 수도 있다. 아니면 창조적으로 업무를 수행해서 예상치 못한 방법으로 변화를 가져다주는 사람을 생각할 수도 있다. 혹은 모두가 원하는 결과를 이끌어 낼 수 있는 능력과 권위를 갖추었기를 바랄 수도 있다.

이번 장에서 우리가 살펴보려는 주제는 하나님 백성에게 회복을 가져다줄 리더가 어떤 모습이어야 하는지와 관련이 있다. 과연 하나님이 백성을 회복시키기 위해 보내겠다고 약속한 사람은 어떤 특징을 가지고 있어야 할까? 이에 대해 미가는 크게 세 가지 특징을 제시한다.

1. 하나님 백성을 회복시키는 자는 동정심이 깊다.
2. 하나님 백성을 회복시키는 자는 예기치 못한 모습으로 찾아온다.
3. 하나님 백성을 회복시키는 자는 능력과 위엄을 갖추고 있다.

:: 동정심이 깊은 분

먼저 하나님 백성을 회복시키는 자는 동정심이 깊어야 한다. 그는 인간이 처한 곤경에 대하여 깊은 이해를 가졌어야 한다. 예를 들어 이스라엘 백성이 겪던 환난과 같이 인간이 씨름하는 문제나 직면하는 상황에 대한 깊은 관심이 있어야 한다.

여기서 잠시 우리는 앗수르 왕 산헤립이 유다 왕국을 치기 위해 전쟁을 일으켰을 때 그 백성이 어떤 경험을 했을지를 생각해 보려고 한다(왕하 18:13). 산헤립이 한 말을 들어보자.

> 내게 복종하지 않는 너희 왕 히스기야로 인해, 그가 성벽으로 둘러싼 너희의 여러 성읍과 마을을 내가 포위하고 정복하였노라. 성벽에 사다리를 올려 보병으로 공격했으며, 공성추를 쏘아올려 성들을 무너뜨렸고, 공병을 보내어 벽을 깨고 아래로 터널을 뚫어 다 짓밟았노라. 그 지나온 전쟁에서 남녀노소를 가리지 않고 200,150명의 사람들을 사로잡고, 무수한 말과 노새와 당나귀와 낙타, 그리고 크고 작은 가축들을 모두 전리품으로 삼았느니라.[1]

만일 한 제국의 정복 기사를 담은 연대기(annals)를 읽어본다면, 이처럼 잔혹하고 불의한 사건들이 흔히 일어났음을 확인할 수 있을 것이다. 당시에 앗수르 왕은 무수한 가축과 사람을 잡아 아무렇지도 않게 전리품으로 여기며 자랑했다.

이런 상황에서 이스라엘 백성이 할 수 없던 질문이 있다. 이는 오늘날 우리가 그런 상황을 떠올리며 제기할 수밖에 없는 질문이기도 하다. '과연 이 상황에도 하나님은 존재하실까? 그렇다면 이에 대해 어떤 생각을 하실까? 도대체 무슨 일을 하시는 걸까? 자기 백성을 정말 구원하실까?' 바로 이런 상황 속에 처하면 하나님이 자신을 돌보신다는 사실에 의문이 생기는 것이다. 그래서 '하나님이 정말 나를 구원하실까? 그렇다면 어떤 방법으로 나를 건지실까? 과연 나를 긍휼히 여기실까?'라고 묻게 된다.

미가는 바로 이러한 상황을 앞두고 있는 이스라엘 백성에게 다음과 같이 말한다. "딸 군대여 너는 떼를 모을지어다 그들이 우리를 에워쌌으니 막대기로 이스라엘 재판자의 뺨을 치리로다"(1절).

하나님은 그 당시 이스라엘 백성에게 일어난 일이나 오늘날 우리에게 일어나는 일에 대해 무감각한 분이 아니시다. 우리는 간혹 그분이 멀리 떨어져 있다고 생각하지만, 그분은 늘 우리 곁에 계신다. 하나님은 앗수르 제국이 이스라엘 백성을 포로로 삼게 될 것임을 아셨다. 또 자기 백성에게는 그만한 군대가 없다는 사실도 아셨다. 그래서 미가가 "딸 군대여"라고 외치는 음성에는 자기 힘으로 나라를 지킬 수 없는 백성의 연약함과 무력함을 알고 계신 하나님의 마음이 느껴진다. 이처럼 그분은 신경을 곤두세우고 백성에게 일어나는 일을 지켜보신다. 결코 그 백성과 떨어져 계시지 않는다. 그래서 이스라엘 백성 중 소수만 살아남게 되리라는 사실도 아셨다. 그런 마음으로 "딸 군대여"라고 부르신다.

미가는 여기서 유다 왕 히스기야가 무력한 처지가 되어 앗수르의 힘에 완전히 짓눌리게 된다고 예언한다. 그 대적이 와서 "이스라엘 재판자"(곧 왕)의 뺨을 치게 될 것이다(1절). 이는 왕에게 큰 굴욕을 가져다주는 행위가 아닐 수 없다. 그런데도 왕은 그 공격을 방어할 힘이 없었다. 하나님은 이 상황을 알고 계셨다. 그 수치와 모욕의 순간에 그가 느낄 끔찍한 경험이 어떠할지도 아셨다. 그렇게 주님은 백성과 함께하시며 그들이 처한 상황과 형편을 이해하셨다.

우리는 흔히 곤경에 처하면 사람들이 우리의 상황을 알아 주기를 바란다. 그런데 이때 마음속에서는 실존적인 갈등이 일어날 수 있다. 한편으로 우리의 형편이 사람들에게 알려지기를 바란다. 우리가 지닌 정서적, 육체적, 사회적, 심리적, 영적 필요를 알고 도움을 주기를 바란다. 그러나 다른 한편으로는 사람들이 우리를 너무 깊이 알기를 원하지 않는다. 왜냐하면 우리는 인정받고 존중되는 차원에서만 알려지기를 원하기 때문이다. 이를테면 우리가 얼마나 가치 있고 중요한 사람인지, 또 얼마나 깊은 의미와 목적을 지닌 삶을 살아가고 있는지를 보여 주고 싶을 뿐이다. 그래서 사람들이 우리를 잊거나 무시하는 일을 원하지 않는다. 그러나 동시에 그들이 우리를 너무 많이 아는 일도 원하지 않는다. 너무 잘 알게 되면, 자신이 완전히 노출될까 봐 두렵다. 혹 자신이 지닌 최악을 모습을 알게 되면 더 이상 자신을 존경하거나 사랑하지 않을 수 있다고 생각하는 것이다. 정도의 차이는 있겠지만, 우리는 자주 스스로를 포장하려고 한다. 그럼으로써 있는 그대로가 아닌 무엇인가 다른 모습을 지닌 자신에 대해 사람들이 알아가기를 원한다.

이런 이유 때문에, 실존주의 철학자 장 폴 사르트르(Jean-Paul Sartre)는 "지옥은 다름 아닌 타인이다"라는 말을 남기기도 했다. 물론 이 표현이 성경이 가르치는 지옥의 의미를 다 담아내지는 못하지만, 어느 정도 일리는 있다. 그는 '출구 없는 방'(No Exit)이라는 글에서 지옥을 눈꺼풀 없는 사람들로 가득 찬 방이라고 표현한 적이 있다. 당신을 둘러싼 사람들이 끊임없이 당신의 영혼을 응시하는 곳이 지옥이라는 말이다. 혹 당신이 지금 있는 자리에서 다른 사람의 눈을 30초 동안 정면에서 쳐다본다면, 그 사람이 당신을 응시하는 시선을 감당하기 힘들 것이다. 그가 당신을 주의 깊게 보며 당신의 결점과 흠을 알게 될까 봐 두려워할 것이다. 어떤 조사에 의하면, 대중 앞에서 자신의 몸이 완전히 노출됐을 때 불쾌할 것이라고 답변한 사람은 전체 응답자 중 95퍼센트에 해당했다. 그런데 자신의 마음과 영혼이 노출됐을 때 그렇게 느낄 것이라고 답변한 사람은 전체 대상 중 100퍼센트를 차지했다.

결국 우리는 어느 정도 자신이 알려지고 소중히 여겨지며 존중받기를 원하지만, 완전히 알려지는 일은 결코 원하지 않는다고 할 수 있다. 그런데 하나님은 우리를 완벽히 아시며, 그 사실을 또한 우리가 알기를 원하신다. 그분은 우리가 처한 모든 상황을 아신다. 우리가 가장 난처하게 여기는 일과 다른 사람 앞에 숨기기 위해 노력하는 문제가 무엇인지를 아신다.

그 모든 내용을 아시는 그분은 여전히 우리에게 관심을 가지셨으며 우리를 사랑하신다. 그분은 우리의 눈을 정면으로 응시하지도, 우리의 결점을 들여다보며 수치를 느끼게 만들지도 않으신다. 오히려 우리를 잘 아시는 그분은 우리를 구원하여 자유하게 하고자 회복시킬 자를 보내신다.

:: 가장 깊은 필요

미가 5장에서는 이스라엘의 멸망과 회복에 관한 예언이 주어진다. 사실 지나온 장들에서 원래 다루어지던 주제는 앗수르의 위협이 아니라 하나님 백성의 우상숭배와 그 결과에 대한 문제였다. 미가는 산헤립이 예루살렘을 포위하고 유다 왕에게 모욕감을 주게 될 현실이 임박한 상황에서도 그보다 더 심각한 문제가 따로 있다는 사실을 처음부터 제기해 왔다. 그래서 당시 하나님 백성에게는 자신들을 회복시킬 구원자가 간절히 필요했지만 하나님이 약속하신 "이스라엘을 다스릴 자"(2절)는 정작 산헤립 자신보다 그 백성이 가진 문제를 더 심각하게 다루어야 할 사명을 가지고 있었다. 그래야 진정한 '평강'(5절)을 이룰 수 있기 때문이다. 이처럼 하나님은 당장 그 백성이 직면한 상황만이 아니라, 그 백성에게서 진정으로 해결되어야 할 문제가 무엇인지를 보신다. 즉 우리 자신보다 우리의 필요를 더 잘 아신다.

하나님이 우리를 깊이 알고 돌보신다는 사실은 누가복음 5장 17-26절, 곧 예수님이 신체장애가 있는 한 사람을 만나 펼쳐지는 이야기 속에서도 아름답게 드러난다. 본문에서 중풍병자는 친구들의 도움을 받아 예수님 앞으로 나온다. 그는 걸을 수 없었기 때문에 친구들이 그를 침상에 뉘여 데리고 온 것이다. 처음에 그의 친구들은 예수님께 병 고치는 능력이 있음을 믿고 그를 데리고 왔다. 그러나 예수님이 머무시던 집에는 무리가 많아 도저히 그 앞으로 갈 수 없었다. 그들은 지붕으로 올라가 타일을 뜯어내고 몸이 마비된 친구를 예수님의 눈 앞으로 내리게 되었다.

이 순간 방에 있던 모든 사람들이 그 이상한 광경을 지켜보며 예수님이 어떻게 행하실지 궁금했다. 그런데 예수님은 중풍병자에게 말씀하셨다. "이 사람아 네 죄 사함을 받았느니라"(눅 5:20).

얼핏 들으면 예수님이 하실 만한 은혜로운 말씀처럼 들릴 수도 있다. 그러나 여기서 중풍병자는 자신의 죄를 용서받기 위해 그분 앞으로 온 게 아니었다. 그에게는 다른 필요가 있었다. 예수님의 말씀을 듣는 순간 그는 예수님이 자신의 문제를 잘못 짚었다고 생각했을지 모른다. 다름 아닌 신체 마비라는 문제를 안고 이렇게 침상에 실려 예수님을 만나게 되지 않았는가! 그는 당장 고침을 받아야 할 문제를 안고 있었고, 그 문제를 자기 앞에 있는 분이 해결해 주시기를 바라고 있었다.

그런데 예수님은 누구보다도 그의 필요를 더 잘 아셨다. 그가 가진 진정한 문제, 가장 깊은 필요가 무엇인지를 알고 계셨다. 예수님이 보실 때 그의 인생에 자리한 최대 문제는 중풍이 아니었다.

우리의 삶도 마찬가지다. 우리에게 가장 중대한 문제는 현재 당하는 고통이나 상황이 아니다. 이는 우리가 겪는 고통이나 아픔을 그분이 돌보지 않고 가볍게 여기신다는 뜻이 아니다. 그보다는 우리에게 주어진 가장 심각한 문제가 무엇인지를 그분이 알고 계신다는 뜻이다. 그 가장 중대한 문제란 다름 아닌 죄의 문제이다. 그래서 예수님은 그 문제를 먼저 다루고자 하신다. "이 사람아 네 죄 사함을 받았느니라."

만일 지금 '하나님이 나에게 오셔서 _____만 해 주신다면 좋겠다'라는 문장을 완성한다고 한다면, 여기에 있는 빈칸을 어떻게 채우겠는가? 아마도 이 빈칸에 채워질 내용이 무엇이든 간에 그 내용은 자신이 만든 우상일 가능성이 크다. 바로 거기에 소망을 두고 있기 때문이다. 우리는 '하나님이 이 상황만 해결해 주시면 행복하겠다'라거나 '하나님이 이 부탁만 들어주시면 인생이 더 의미 있고 안정되겠다'라고 바란다. 하지만 예수님은 우리가 자신의 문제를 잘못 짚고 있다고 진단하신다.

'빌리지 보이스'(The Village Voice)의 칼럼니스트인 신시아 하이멜(Cynthia Heimel)은 자신이 선택한 분야에서 성공하면 행복해질 것이라는 생각에 빠져 사는 현대인의 모습을 지적한 바 있다. 그녀는 뉴욕에서 배우가 되려는 꿈에 부푼 젊은이들을 많이 보았다고 한다. 그녀는 그들을 향해 뉴욕으로 왔다고 해서 바로 브로드웨이로 가게 되는 건 아니라고 말한다. 대부분의 사람들이 여러 가지 일만 하다가 겨우 오디션 기회를 얻기 때문이다. 게다가 뉴욕에서 살기 위해서는 온갖 돈벌이를 하지 않을 수 없다. 그 결과 극도의 스트레스에 시달리며 불안과 염려에 사로잡힌다고 한다. 하이멜은 그들 중 몇몇이 실제로 유명해져 브로드웨이에 진출하는 모습도 보았다고 전한다. 그러면서 말하기를 그렇게 성공하면 걱정하거나 초조해하거나 불안을 느끼거나 스트레스를 받진 않지만, 이내 참을성이 없어지고 관계를 망치는 일들이 발생한다고 한다. 그러나 그 성공은 또 다시 걱정과 불안과 스트레스를 야기하게 된다. 이는 그 성공을 지켜야 하는 현실 속에 계속 노심초사하며 인기가 떨어지진 않을까 살펴야 하기 때문이다. 결국 하이멜이 이야기하려는 요점은 목표를 이루어 더 이상 바람이 없으면 행복할 것이라는 현대인의 생각과 달리, 실상은 애써 무엇인가를 이루었을 때 더 불행해지는 일들이 찾아온다는 것이다.[2]

하나님은 우리의 바람보다 더욱 심층적인 문제에 관심을 가지신다. 그리고 그에 대해 긍휼히 여기실 뿐 아니라 실제로 무엇인가를 행하신다. 더불어 우리의 삶 가운데로 들어와 그 문제를 직접 다루고자 하신다. 이런 이유로 하나님은 우리가 가진 여러 바람들보다 더 깊고 중대한 문제부터 다루어야 한다고 말씀하시는 것이다. 그리하여 그 문제를 실제로 다루시게 되면, 앞서 가졌던 바람들에 대한 우리의 관점도 바뀌게 된다. 그 바람들을 계속 끌어안고 살아갈 것인지, 이제는 초월하여 살아갈 것인지를 결정할 수 있게 된다. 이런 차원에서 하나님은 그 백성을 회복시킬 자가 "평강이 될 것이라"고 미가를 통해 말씀하신다(5절). 이는 단지 전쟁에서 벗어나는 평강만이 아니라, 총체적인 의미의 평강을 가리킨다. 즉 우리를 전인격적으로 회복시키는 샬롬을 의미한다. 이처럼 그분은 외부적인 전쟁만이 아니라, 우리 안에서 죄로 인해 일어나는 전쟁까지 그치게 하시겠다고 말씀하시는 것이다.

:: 예기치 못한 모습으로 등장하다

미가 5장 2절은 주로 크리스마스에 전 세계에서 읽고 인용하는 구절이다. 그만큼 매우 유명한 본문이기도 하다. "베들레헴 에브라다야 너는 유다 족속 중에 작을지라도 이스라엘을 다스릴 자가 네게서 내게로 나올 것이라 그의 근본은 상고에 영원에 있느니라."

이 말씀은 이후 신약성경에서 밝히듯이(마 2:1-6), 예수 그리스도를 통해 성취될 메시아 예언이다. 그리고 미가는 바로 이어지는 구절에서 메시아가 역사의 무대에 등장할 때의 상황이 어떠할지를 암시한다. 이제 살펴보겠지만, 메시아가 누구도 예기치 못한 뜻밖의 모습으로 등장하게 된다는 사실을 보여 준다. 그렇게 등장해서 우리에게 평강을 가져다준다고 예언된 메시아, 즉 하나님 백성을 회복시킬 그분은 먼저 베들레헴에서 태어나실 것이라고 약속된다. 베들레헴은 너무 작아서, 과거에 여호수아가 그 일대에 있는 150여 개의 성읍과 마을을 살펴보고 남긴 기록에도 들지 못했다.[3] 얼마나 비중 없는 동네였는가. 이스라엘 역사에서는 다윗 왕의 고향으로 단 한 번 주목을 받았을 뿐이었다(삼상 16:1-5). 그게 전부다.

이처럼 이스라엘을 회복시킬 자는 예기치 못한 모습으로 역사에 등장한다. 매우 작고 약한 동네였다. 하나님은 인간의 생각과는 정반대로 행하실 때가 있는데, 이 본문도 그 백성을 회복시켜야 할 자가 얼마나 취약한 배경을 가졌는지 보여 준다. 그런데 동시에 우리는 그분이 또한 강하다는 사실을 발견하게 된다. 흔히 약함과 강함, 겸손과 능력은 공존하지 않는다. 그러나 여기서 우리는 그렇게 약한 모습으로 와서 그 백성을 회복시킬 이가 다름 아닌 "근본은 상고에" 있는 분이심을 알게 된다.

여기서 '상고'라고 번역된 단어는 구약성경에서 하나님을 묘사하는 수식어로 하박국과 신명기에서 차례로 사용되었다. 하박국 1장 12절에서는 "주께서는 '만세전부터' 계시지 아니하시니이까"라고 하는 질문을 통해, 신명기 33장 27절에서는 "'영원하신' 하나님이 네 처소가 되시니"라고 하는 축복을 통해 그 표현이 각각 사용되었다. 미가는 이처럼 만세전부터 계신 이가 오시리라고 예언하는데, 그가 다름 아닌 여인이 해산하는 방법을 통해 오실 것이라고 묘사한다(미 5:3).

이 예언대로 나중에 마리아는 그 근본이 상고에 있는 즉 만세전부터 계신 영원하신 분을 잉태하게 된다. 마리아와 남편 요셉은 이 아이의 부모로서 잠시 권위를 갖게 되었지만, 이 아이는 그들의 하나님으로서 영원한 권위를 지니신 분이었다. 우리는 이 사실을 그분의 이름이 지어지는 장면을 통해서도 확인할 수 있다. 어떤 대상의 이름을 짓는 일은 그 대상에 대해 특별한 권위를 지닌 자가 하기 마련이다. 이런 차원에서 부모는 자녀의 이름을 지을 수 있는 특권을 가진다. 우리의 이름도 부모가 지어 준 경우가 대부분이다. 이름을 짓는 일에는 그에 따른 권위가 필요하기 때문이다. 그렇다면 예수님의 이름은 누가 지었는가?

천사가 이르되 마리아여 무서워하지 말라 네가 하나님께 은혜를 입었느니라 보라 네가 잉태하여 아들을 낳으리니 그 이름을 예수라 하라(눅 1:30-31).

주의 사자가 현몽하여 이르되 다윗의 자손 요셉아 네 아내 마리아 데려오기를 무서워하지 말라 그에게 잉태된 자는 성령으로 된 것이라 아들을 낳으리니 이름을 예수라 하라 이는 그가 자기 백성을 그들의 죄에서 구원할 자이심이라 하니라(마 1:20-21).

이처럼 천사가 와서 아이의 이름을 예수로 하라는 하나님의 뜻을 전달했다. 즉 예수님은 낮고 비천한 모습으로 오셨지만 그 누구도 자신을 좌지우지할 수 없는 권위를 지닌 분이신 것이다. 그분은 이스라엘에서 매우 작은 베들레헴에서 태어나셨지만, 이 세상이 형용치 못할 영광의 장소인 하늘에서부터 내려오셨다.

즉 근본이 상고에 있는 영원하신 하나님이시다. 그래서 약하고 초라한 모습으로 구유에 나신 이분을 누구도 다스릴 수 없다. 누구도 그 이름을 지을 수 없고, 누구도 그 삶을 통제하지 못한다. 그분이 통치자이시기 때문이다. 따라서 우리가 예수님을 다스리는 게 아니라, 예수님이 우리를 다스리신다.

어떤 이들은 예수님을 생각하며 마치 손짓하면 다가오는 고양이처럼 착각하는 경우가 있다. 그러나 그분은 사자로 언급되는 분이다. 유다 지파의 사자이면서, 동시에 하나님의 어린양으로 불리신다. 즉 사자의 심장을 지닌 양이시다. 이는 일종의 역설이다. 우리를 회복시키는 분이 지닌 아름다움이 바로 이 역설에 있다.

만일 그분이 약하고 낮은 자리에서 우리와 가까이 계시

기만 한다면, 우리의 감정을 공감해 주실 수는 있겠지만, 우리를 고통에서 건지시고 변화시키지는 못하실 것이다. 반대로 오직 능력만 있고 상고에만 머물러 계신다면, 큰 위엄과 영광을 가지고 우리를 도우실 수는 있겠지만, 우리와 동떨어져서 깊은 관심을 갖지는 못하실 것이다. 그러나 미가는 우리를 회복시키는 그분에게는 그 두 가지 모습이 함께 있다고 표현한다.

이처럼 예수님은 평범한 사람의 모습으로 오셨지만 평범하지 않으셨다. 그 당시 흔한 이름이었던 '예수'라는 이름으로 구유에 나셔서 평범한 직업을 갖고 이름 없는 동네에서 자라셨지만, 그분은 이 세상을 구원하는 주님이셨다. 처음부터 자기 백성에게 말씀해 오신 여호와 하나님이셨다. 이처럼 우리를 회복시키는 그분은 누구도 예기치 못한 모습으로 우리에게 찾아오셨다.

:: 이미 시작된 회복의 역사

그렇다면 우리를 회복시키는 그분은 어떤 일을 하실까?"그가 여호와의 능력과 그의 하나님 여호와의 이름의 위엄을 의지하고 서서 목축하니 그들이 거주할 것이라 이제 그가 창대하여 땅 끝까지 미치리라 이 사람은 평강이 될 것이라"(4-5절).

여기서 그분을 묘사하기 위해 사용된 개념은 '목자'다. 하나님의 이름이 가진 위엄을 의지하여 그 백성을 다스리는 목자로 표현되는 것이다. 그분은 양 떼의 필요를 채우는 부드러운 목자면서 또한 하나님의 이름을 드러내는 위엄 있는 목자다. 이 하나님이 보내신 목자는 바로 구원 역사 가운데 우리에게 찾아오신 예수 그리스도다. 미가의 말은 예수님의 유명한 말씀을 떠올리게 만든다. "나는 선한 목자라 나는 내 양을 알고"(요 10:14).

그분은 선한 목자로서 그 양의 필요를 알고 부드럽게 인도하신다. 또한 자기 백성에게 완벽이 아니라 순종을 요구하신다. 스스로 결함이 없는 자가 되려 하지 말고 자신을 따라오는 자가 되라고 부르신다.

팀 켈러는 요한복음 10장을 설교하며 모든 사람은 자신의 필요를 돌봐 줄 목자를 마음속 깊이 갈망하고 있다고 말했다. 우리는 어떤 문제를 만나면 그 상황에서 우리를 도와줄 수 있는 사람이 있을지 알고 싶어 한다. 과연 내 인생을 바로잡아 줄 수 있는 사람이 있을지, 나의 무질서한 생활을 회복시켜 줄 수 있는 사람이 있을지 궁금해 한다. 이처럼 우리는 목자를 찾아 헤맨다. 그러나 어디서 목자를 만나려고 하는가? 만일 미혼으로서 결혼에 대한 바람을 가지고 있다면 미래의 배우자가 자신의 목자가 되리라고 생각할 수 있다. 그러나 이미 결혼한 사람은 자신의 남편이나 아내가 생각하던 목자가 아니며 그 모습에도 근접하지 않은 사람임을 알게 된다.

또 어떤 사람은 자신의 부모가 그 필요를 돌봐 줄 목자라고 생각할 수도 있다. 어떤 사람은 국가의 대통령이나 자신이 선호하는 정치인을 그 목자라고 생각하기도 한다. 이처럼 우리는 누군가가 목자가 되어 우리를 다스리며 우리가 원하는 곳에 평강을 가져다주기를 바란다. 그러다가 그 누구도 우리의 기대를 만족시킬 수 없다는 사실을 알게 되면, 실망과 놀라움을 금치 못한다. 때로는 분노하기도 한다.

그 결과 다른 사람에게 실망할 수밖에 없다는 사실을 알게 된다면 심지어 자신을 목자로 삼기도 한다. 그러나 스스로 목자가 되려는 인생에는 수많은 책임이 따르기 마련이다. 물론 스스로 만족하며 사는 사람도 있다. 또 재능이 많거나 여러 실력과 재주, 열정과 가능성을 가지고 있을 수도 있다. 그러나 우리가 자기 인생의 궁극적인 목자가 될 수 있다고 믿게 되면, 거기서 비롯되는 대단한 중압감을 피할 수 없다. 왜냐하면 우리는 스스로 완벽한 목자가 될 수 없다는 사실을 잘 알고 있기 때문이다. 모든 사람은 목자의 자격에 미치지도 않고, 그 일을 수행할 만한 능력도 없다. 그렇기 때문에 날마다 자신과 씨름한다. 결국 우리에게 필요한 이는 우리의 인생을 부드럽고 강력하게 돌봐 줄 수 있는 '참된 목자'다.

영원하시며 모든 권세를 지니신 예수님이 예기치 못한 겸손한 모습으로 우리를 찾아와 다스리시는 선한 목자가 되셨다. 그분만이 우리가 찾던 인도자다. 이 목자는 양을 푸른 초장으로 이끄시며 모든 상황에서 그 양을 보호하신다. 그리고 마침내는 그 양을 위해 자기 목숨을 버리신다. 이분이 바로 하나님이 보내신 참된 목자시다. 그러므로 이분만이 목자의 일을 완벽히 수행하신다. 여호와의 사랑을 입은 자는 그 곁에 안전히 살리로다 여호와께서 그를 날이 마치도록 보호하시고 그를 자기 어깨 사이에 있게 하시리로다"(신 33:12).

얼마나 놀라운가! 하나님의 사랑을 받으며 양과 같이 그분을 따르는 자는 이 영원한 목자의 보호를 받는다. 하나님이 자녀를 안전한 그 품에 안은 모습을 상상해 보라. 우리는 목자이신 하나님과 함께 길을 걷는 양이다. 그래서 우리가 피곤해 보이거나 길을 이탈할 때 그분은 자신의 품에서 우리를 안아 주시고 쉼을 주신다. 우리의 상태를 알고 동정하는 수준을 넘어 그 필요를 실제로 채워 주신다. 이렇듯 우리를 회복시키기 위해 그분은 예기치 못한 모습으로 우리를 찾아오셨다. 그분은 부드러우면서도 강력한 목자의 모습을 갖추셨다. 이 목자가 우리를 다스리실 때에만 우리는 안전하다. 오직 그분이 우리의 평강이 되시기 때문이다.

혹시 지금 인생에서 길을 잃었다고 느끼고 있는가? 삶이 그저 지치고 힘들게만 느껴지는가? 하나님이 끝내 당신을 구원해 주실지 의심스러운가? 그렇다면 그분의 약속을 기억하라. 그리고 십자가를 바라보라. 이미 우리를 찾아와 회복의 역사를 시작하신 그분이 보일 것이다. 그분은 우리에게 세밀한 주의를 기울이며 깊은 동정심을 가지신다. 또 우리의 진정한 필요를 아신다. 우리보다 우리를 더 잘 아시기 때문이다. 주님은 궁극적인 문제는 우리가 잠시 겪는 고통이 아니라 우리 마음에 처음부터 자리하고 있던 죄라고 말씀하신다. 그분은 바로 그 죄로부터 우리를 회복시켜 우리가 진정 바라던 삶을 살게 하시고자, 목자가 되어 우리 곁에 오셨다. 그러므로 우리는 그분 안에서만 안식할 수 있다. 그분이 우리의 평강이 되시기 때문이다.

07

●

의지할 대상을 찾아서

5:5b-15

야곱의 남은 자는
… 여호와께로부터 내리는 이슬 같고
풀 위에 내리는 단비 같아서

'자족'(self-sufficiency)과 '자립'(self-reliance)은 이 시대를 살아가는 이들에게 당연한 덕목이다. 그래서 우리는 누군가의 도움으로 회복되어야 한다는 말을 듣기 싫어한다. 또 이런 차원에서 스스로 무엇이든 할 수 있도록 도와주는 각종 매뉴얼이 출판 시장에 즐비하다. *The Ultimate Self-Sufficiency Handbook: A Complete Guide to Baking, Crafts, Gardening, Preserving Your Harvest, Raising Animals, and More*(최고의 자족을 위한 핸드북: 빵 굽기, 소품 제작, 정원 관리, 곡물 보관, 반려동물 기르기에 대한 완벽 가이드¹)라는 제목의 책이 판매될 정도다. 이러한 자족 또는 자립에 관한 매뉴얼은 일종의 모순 어법(oxymoron)에 기대고 있다. 만일 혼자서 무엇이든 할 수 있는 능력을 가졌다면, 왜 그런 도움이 필요한가?

물론 "나는 자족하며 살고 있다!"라고 떠벌릴 만큼 대놓고 자신을 의지하며 살아가는 사람은 많지 않다. 대개는 자기 안에 있는 자립에 대한 열망을 눈치채지 못한다. 그 열망을 분별하는 일은 쉽지 않기 때문이다. 그래서 가끔씩 "돈 걱정 안 할 만큼만 돈이 있었으면 좋겠다", "내 인생만큼은 내가 원하는 대로 하며 살고 싶다"라는 말을 통해 자립에 대한 열망을 간접적으로 표현할 뿐이다.

이러한 분위기 속에서 형성된 우리 인생관에는 '의존'(dependency)이라는 개념이 당연히 환영받을 수 없다. 흔히 의존이란 약한 자에게나 필요한 개념이라고 생각한다. 간혹 심각한 병에 걸리거나 사업이 망하여 회생 가능성이 없는 사람들에게 의존이 필요하다고 생각한다. 그래서 독립성을 가치 있게 여기며 보란 듯이 인생을 꾸려가는 경우에는 의존이 어울리지 않는다고 생각한다. 사회는 자수성가한 사람을 좋아한다. 사람들은 성공한 기업가를 닮고 싶어 한다. 시대의 선구자나 각 분야의 개척자를 존경한다. 혁신적이고 창조적인 인물을 선호한다. 따라서 누군가의 도움을 받아 회복되어야 한다는 말은 불쾌감을 준다. "나는 회복이 필요 없어. 지금 나한테는 인생을 살아가는 데 필요한 새로운 접근, 새로운 관점이 필요할 뿐이라고. 그러면 얼마든지 잘 해낼 수 있어."

본문에서 미가는 그 당시 절망에 빠져 도움을 받지 않으면 안 되었던 이스라엘 백성을 하나님이 어떻게 다루시는지

이야기한다. 당시 이스라엘 백성은 회복과 구원이 자신들의 삶에 반드시 필요함을 깨달아야 했다. 오늘 우리도 마찬가지로 그 사실을 깨달아야 한다. 이런 차원에서 이번 장에서는 우리에게 필요한 세 가지 종류의 회복에 대해 생각해 보고자 한다. 먼저는 우리가 가진 장애로부터의 회복이고, 다음으로는 우리 자신으로부터의 회복이며, 끝으로는 외부 환경으로부터의 회복이다.

:: 장애로부터의 회복

미가는 하나님의 백성이 어떻게 침략을 당하고 또 어떻게 회복될 것인지를 동시에 예언한다. 과연 어떻게 그러한 일들이 일어나게 될 것인가? 우선 앗수르 군대가 이스라엘을 함락시키는 일이 발생한다. 그들이 쳐들어와서 여러 성들을 짓밟게 된 것이다. 이미 살펴봤듯이 산헤립이 등장해서 히스기야 왕을 업신여기고 모욕하는 일까지 일어난다(1절). 여기서 히스기야는 자신을 지켜 낼 수 없는 상태에 처한다.

그런데 하나님이 그 백성을 위해 준비하신 일들로 인해 상황이 역전되고 앗수르 군대는 허를 찔리게 된다. "앗수르 사람이 우리 땅에 들어와서 우리 궁들을 밟을 때에는 우리가 일곱 목자와 여덟 군왕을 일으켜 그를 치리니 그들이 칼로 앗수르 땅을 황폐하게 하며 니므롯 땅 어귀를 황폐하게 하리라 앗수르 사람이 우리 땅에 들어와서 우리 지경을 밟을 때에는 그가 우리를 그에게서 건져내리라"(5-6절).

여기서 '일곱 목자와 여덟 군왕'이라는 표현은 상징적인 어구로서, 하나님이 자신의 목적을 이루기 위해 일으키실 수많은 지도자들을 가리킨다. 구체적으로 말해 이들은 문맥에서 언급된 목자(2-4절)의 인도를 받아 그분의 뜻을 수행하는 '작은 목자들'과 같다(이는 베드로전서 5장 1-4절의 설명과 같이, 마치 목자장과 그 밑에 있는 목자들 또는 장로들의 관계와 같다고 볼 수 있다).

이어서 하나님은 다음과 같이 약속하신다. "야곱의 남은 자는 많은 백성 가운데 있으리니 그들은 여호와께로부터 내리는 이슬 같고 풀 위에 내리는 단비 같아서"(7절).

여기서 언급된 '남은 자'는 이스라엘과 유다 백성 중에 따로 구별된 사람들을 가리키는 것이 아니다. 이때 남은 자는 하나님의 모든 백성을 가리킨다. 즉 하나님이 구원하신 죄인들을 의미한다. 더 나아가 이 남은 자는 '많은 백성 가운데'(in the midst of many peoples), 다시 말해 주변 민족들 가운데 살아간다. 이는 다른 사람들과 구별되어 따로 그룹을 형성한 사람들이 아니라는 의미다.

이때 남은 자는 '이슬'과 '단비'라는 이미지를 통해 설명된다. 구약성경에서 강이나 시내, 또는 비나 이슬과 같은 표현들은 하나님의 복을 상징하는 은유적인 언어로 자주 사용되었다. 당시 근동 지역은 매우 메말랐기 때문에 물은 어떤 형태로 주어지든 축복으로 여겨졌다. 따라서 이 구절에서 하나님의 백성은 그들을 둘러싼 이들에게 축복과 유익을 전하도록 부름 받은 자들이라고 볼 수 있다. 다시 말해, 이웃과 그들이 속한 사회 가운데 하나님의 복을 전달하는 자들로 부름 받은 것이다.

미가는 이 백성이 어떻게 승리를 거머쥐게 될지 다음과 같이 예언한다. "야곱의 남은 자는 여러 나라 가운데와 많은 백성 가운데에 있으리니 그들은 수풀의 짐승들 중의 사자 같고 양 떼 중의 젊은 사자 같아서 만일 그가 지나간즉 밟고 찢으리니 능히 구원할 자가 없을 것이라 네 손이 네 대적들 위에 들려서 네 모든 원수를 진멸하기를 바라노라"(8-9절).

미가는 앞서 앗수르 군대가 하나님의 백성을 짓밟게 되리라고 예언했다. 그러나 다가올 미래에는 즉 메시아가 오시는 그날에는(2절), 남은 자라 일컬어지는 하나님의 백성이 그 대적을 짓밟게 되리라고 예언한다. 그날에 이르러 대적을 짓밟는 승리는 메시아가 다스리는 시대가 오면 더 이상 그 백성이 전쟁의 무기를 의지하지 않고(미 4:3), 죄의 권세를 이기신 그리스도의 승리를 의지하기 때문에 주어진다(골 2:15). 이는 소위 '이미와 아직'(already-but-not-yet)의 구도로 이루어지는 승리라고 할 수 있다. 하나님이 그리스도를 통해 십자가에서 이루신 승리는 '이미' 우리의 승리가 되었지만, 그 승리는 '아직' 새 하늘과 새 땅에 이르지 않은 세상 속에서 하나님 백성으로 어떻게 살아가야 할지를 우리로 하여금 고민하게 만든다. 따라서 대적을 짓밟는 승리의 자리로 부름 받은 하나님 백성은 다른 사람들에게 하나님의 복을 전달해야 할 사명을 갖게 된다. 하나님이 그들도 사랑하시기 때문이다. 그렇기에 우리의 목자장이신 예수님처럼 우리는 이 세상을 다스리고 돌봐야 한다.

:: 기대보다 더 큰 은혜와 사명

신약성경의 복음서는 미가가 국가적 차원에서 이스라엘 백성에게 전달한 하나님의 약속이 개인적 차원에서도 성취된다는 사실을 보여 준다. 마가복음 5장 21-43절에 나오는 이야기는 좋은 예이다. 본문에서 예수님은 두 사람을 만나신다. 첫 번째 사람은 유대인 지도층에 속한 사람으로서 회당을 맡아 관리하던 야이로라는 인물이었다. 두 번째 사람은 12년 동안 혈루병을 앓던 여인이었다. 성경에는 그녀의 이름이 언급되지 않는다. 이는 고대 사회의 관습을 따라 저자가 기록하지 않았기 때문이다. 당시에는 사회적으로 중요한 인물에 대해서는 이름을 밝혔다. 그러나 사회적으로 소외되어 주변부에 있는 사람에 대해서는 그렇지 않았다. 주로 여자라든가 장애가 있는 사람들이 거기에 속했다(이런 점에서 마가복음 10장 46절에서 맹인 바디매오의 이름이 기록된 경우는 이례적이라고 할 수 있다).

먼저 야이로가 나아와 예수님 앞에 엎드려 간절히 청한

다. "선생님에게 기적을 행할 수 있는 능력과 권세가 있음을 압니다. 그러니 부디 오셔서 제 딸을 살려 주십시오. 아이가 다 죽게 생겼습니다."

이에 예수님은 제자들과 함께 야이로의 집으로 향하신다. 그들의 뒤로 큰 무리가 따랐다. 그런데 그 무리 중에 끼어 있던 한 여인, 즉 12년 간 혈루병에 시달려 이름도 거명될 수 없던 한 여인은 생각한다. '저 옷자락에만 손을 대어도 몸이 나을거야. 저분을 귀찮게 해 드리지 않아야지. 아무도 모르게 저 옷에 손을 대야지.' 자신의 생각대로 예수님이 야이로의 집으로 한창 걸어가시던 중에 그녀는 손을 뻗어 그분의 옷자락을 만진다. 그때 예수님이 걸음을 멈추신다. "누가 내 옷에 손을 대었느냐"(막 5:30). 제자들이 말한다. "무슨 말씀이세요? 지금 수많은 사람들이 서로 밀면서 주님께 손을 대고 있습니다. 얼른 가시죠. 중요한 일을 하셔야 하지 않습니까." 그러자 예수님이 말씀하신다. "아니다. 누군가가 나를 만져 병 고치는 능력이 내게서 나갔느니라."

이 순간 야이로의 마음이 어떠했을지를 생각해 볼 필요가 있다. 그는 죽어가는 딸을 염려하며 예수님과 함께 걸음을 재촉하고 있었다. 그런데 이 절체절명의 순간에 예수님이 가던 길을 멈추시더니 말도 안 되는 얘기를 하시며 누군가를 찾으신다. 이처럼 납득하기 힘든 상황에서 야이로는 초조한 마음으로 생각했을 것이다. '예수님, 지금 이러실 시간이 없습니

다. 도대체 뭐하시는 건가요?'

팀 켈러는 이 상황을 다음과 같이 묘사했다. 어느 날 두 사람이 병원 응급실에 왔는데, 한 사람은 (혈루병 앓던 여인과 같이) 만성적인 질병을 가졌으나 그렇게 위급한 상태는 아니었고, 다른 한 사람은 어린 소녀인데 생명이 위태로운 상황이다. 이에 의료진은 죽어가는 소녀부터 치료하기로 결정한다. 다른 환자는 몸에 고통은 있지만, 그 고통으로 사망에 이르지 않기 때문이다.

이처럼 의사라면 당연히 죽어가는 사람부터 돌보고 그렇지 않은 사람은 나중에 살펴야 한다. 그런데 예수님은 이와 같은 상황에서 그렇게 행동하지 않으신다. 그분의 행동은 우리가 생각하는 것보다 훨씬 더 이해하기 어렵다. 전혀 예측하거나 종잡을 수 없다.[2]

게다가 야이로의 상황은 더욱 악화된다. 그가 혹시나 들을까 봐 염려했던 소식을 듣게 된 것이다. 집에 있던 사람들이 와서 딸이 죽었다는 소식을 전한 것이다. 이제 더 이상 예수님을 집에 모시고 갈 필요가 없게 되었다는 것이다. 충격을 받고 절망한 야이로는 속으로 항변한다. '예수님, 제가 뭐라고 했습니까! 빨리 서둘러야 한다고 하지 않았습니까! 왜 여기 멈춰서 저 여인과 대화를 나누십니까! 저 여인은 기다릴 수 있지 않았습니까! 도대체 무슨 생각을 하고 계십니까!'

우리도 이처럼 상황이 왜 이렇게 돌아가는지 아무것도

모르겠는 막막한 경험을 할 수 있다. 그땐 다른 생각이 떠오르지도 않고, 그저 하나님을 바라보며 탄식할 수밖에 없다. '꼭 이렇게 하셔야 하나요!' 야이로의 심정이 이와 같았을 것이다.

그런데 예수님은 야이로를 바라보며 말씀하신다. "두려워하지 말고 믿기만 하라"(막 5:36). 마치 이런 말씀과 같았다. "무슨 일이 일어났는지 알고 있다. 그러니 이 상황이 심각해 보이더라도, 나를 믿으라. 지금 보이는 게 다가 아니다." 이런 상황에서는 누구나 믿음의 눈을 뜨고 올바른 관점으로 일어나는 일들을 보기 어려운 법이다. 지금 야이로는 현재의 상황에 압도된 상태다. 하지만 전지적인(omniscient) 관점에서 미래를 보시는 예수님은 "두려워하지 말고 믿기만 하라"라고 말씀하신다.

마침내 예수님과 그 일행이 야이로의 집에 도착했다. 사람들의 울고 통곡하는 소리로 소란스러웠다. 이에 예수님은 "너희가 어찌하여 떠들며 우느냐 이 아이가 죽은 것이 아니라 잔다"라고 하신다(막 5:39). 그 말씀을 들은 사람들은 비웃었다. 그리고 다음과 같은 일들이 진행된다. "예수께서 그들을 다 내보내신 후에 아이의 부모와 또 자기와 함께 한 자들을 데리시고 아이 있는 곳에 들어가사 그 아이의 손을 잡고 이르시되 달리다굼 하시니 번역하면 곧 내가 네게 말하노니 소녀야 일어나라 하심이라 소녀가 곧 일어나서 걸으니 나이가 열두 살이라 사람들이 곧 크게 놀라고 놀라거늘"(막 5:40-42).

원래 야이로는 딸을 고쳐 달라고 예수님을 찾아왔었다. 그런데 예수님은 그 딸의 죽음을 통해 부활이 무엇인지를 보여 주셨다. 팀 켈러는 다음과 같이 말한다.

　　당신이 예수님께 도움을 요청하러 가면, 대개의 경우 당신의 계산보다 더 많이 그분께 내어 드리게 되고 또 당신의 기대보다 더 많이 그분으로부터 받게 된다.[3]

　　야이로의 경우를 생각해 보자. 그는 이렇게 생각했을지 모른다. '이분을 집으로 모셔 와서 딸이 회복되기만 하면, 원래대로 잘 살아야지.' 또 혈루병 앓던 여인도 이렇게 생각했을지 모른다. '저분의 옷자락만 만지고 조용히 사라져야지. 여기 있는 사람들 앞에 내 상태가 노출되면 안 되니까. 그렇게 되면 제사장이 나를 부정한 여인으로 취급할거야. 그러니 내가 여기 있었다는 사실도 모르게 병만 고침 받고 얼른 사라지자.'
　　하지만 이러한 계산보다 그들은 자신을 예수님께 더 많이 내어 드리게 되었고, 또 그분으로부터 더 많은 은혜를 받게 되었다. 우리도 하나님께 자주 도움을 요청한다. 인생에는 여러 종류의 장애들이 있기 때문이다. 하나님이 우리를 도와주시기를 바란다. 그러나 그게 전부다. 그 이상을 원하지 않는다. 간혹 우리에게 스스로 살아갈 수 있는 능력이 없다는 사실을 깨닫기도 하지만, 우리는 그 순간에만 하나님이 도와주시기를 바랄 뿐이다. 야이로도 그랬을지 모른다. 그러나 그는 자신의 생각보다 더 큰 경험을 하게 되었으며, 더 많이 내어 드리게 되었다.

왜 더 많이 내어 드렸다고 볼 수 있을까? "오 잘 왔다. 당장 도와줄 테니 앞으로는 잘 살아라." 예수님은 결코 이런 식으로 그를 돕지 않으셨다. 오히려 그를 보며 이렇게 말씀하셨다. "나를 믿으라." 이는 "네 스스로 인생을 통제하려는 주권을 이제는 내게 맡겨라. 그리고 네 생각이 옳다는 주장도 내려놓으라. 너는 이 순간에 두려워하기보다 나를 신뢰해야 한다. 네가 나를 믿으면, 네가 생각하지 못한 일을 곧 보게 되리라"라는 의미였다.

그렇다면 혈루병 앓던 여인의 경우는 어떠했을까? 예수님은 걸음을 멈추고 누가 자신에게 손을 댔는지 물으셨다. 그렇게 하신 이유는 그녀로 하여금 사람들 앞에서 자신이 한 일을 시인하며 자신이 어떤 필요 때문에 예수님을 찾게 되었는지 그 마음을 고백하게 하려는 데 있었다. 그녀는 더욱 낮아져야 했던 것이다. "바로 저입니다. 제가 당신께 손을 댔습니다." 이때 예수님은 이렇게 말씀하셨다. "딸아 네 믿음이 너를 구원하였으니 평안히 가라"(막 5:34).

그녀는 자신의 기대보다 더 큰 은혜를 받게 되었다. 예수님은 그녀의 삶 전체를 새롭게 하셨다. 동시에 그녀는 '단지 저분의 옷자락만 만지고 얼른 떠나야지'라고 생각했던 계획보다 더 많이 자신을 내어 드렸다. 사람들 앞에 나와서 자신이 무엇을 했고 또 왜 그렇게 했는지를 시인하며 예수님에 대한 자신의 믿음을 고백해야 했기 때문이다.

바로 이러한 경험이 미가 시대의 이스라엘 백성에게도 필요했다. 그들은 하나님이 앗수르 제국의 위협으로부터 자신들을 구원하시기를 원했다. 그런데 하나님은 그런 기대보다 더 큰 일을 계획하셨다. 즉 이스라엘을 다스릴 목자와 그를 따르는 작은 목자들을 일으켜 대적을 짓밟게 하리라는 약속을 주신다. 이는 이스라엘 백성 모두에게 놀라운 소식이 아닐 수 없었다. "오 하나님 감사합니다!"라고 외칠 수밖에 없는 약속을 받았기 때문이다. 그래서 그들은 하나님의 약속이 빨리 성취되어 다시 인생을 즐기며 살아가기를 바랐을지도 모른다. 그러나 하나님은 거기서 멈추지 않으셨다. 그분은 백성이 모든 민족에게 축복이 되어, 자신의 이름으로 세상을 다스리고 돌보기를 바라셨다. 그들이 남은 자로서 세상과 동떨어져 사는 게 아니라, 모든 이들 가운데 거하며 영향력을 끼치기를 바라셨다. 이처럼 하나님은 우리가 세운 계획을 재편성하고 새롭게 바꾸신다. 그래서 우리를 회복시키실 때, 그분은 우리의 계산보다 더 많이 우리를 요구하시며 또 우리의 기대보다 더 많이 은혜를 베푸시는 것이다.

:: 자신으로부터의 회복

만일 하나님이 앗수르를 멸망시키겠다는 약속만 하셨다면 이스라엘 백성은 만족스럽게 여겼을지도 모른다. 그러나 하나님은 그들의 바람보다 더 큰 은혜를 베풀기로 약속하시면서도(7-9절), 단지 그들을 건져내겠다는 내용으로 약속을 끝맺지 않으셨다. 그 약속에는 더욱 무거운 부르심이 포함되었는데, 그 내용은 바로 이스라엘 백성의 회복이었다.

왜 자신으로부터의 회복이 필요할까? 우리는 외부의 문제로 인해 도움을 받는 일은 불편해하지 않더라도, 자신의 문제로 인해 누군가의 도움을 받아 회복되는 것은 원하지 않는다. 누군가를 의지해야 하는 상황에 처할까 봐 두려워한다. 그래서 우리는 육신의 연약함을 기피한다. 다른 이의 도움을 받고 싶지 않기 때문이다. 또 재정적으로 파산할까 봐 걱정한다. 무능하고 부유하지 않다는 사실이 드러날 수 있기 때문이다. 학력이 부족해도 염려한다. 사람들이 똑똑하지 않다고 생각할 수 있기 때문이다. 그리고 직장을 잃을까 봐 불안해 한다. 일을 별로 못한다고 평가받을 수 있기 때문이다. 결국 우리는 스스로의 힘으로 성공하기를 바랄 뿐이다.

이스라엘 백성도 누군가의 도움을 받는 처지에 이르지 않으려고 온갖 방법을 동원했다. 군마와 병거, 성읍과 요새는 모두 힘을 비축하고 피난처를 확보하기 위한 전략의 일환이었다(10-11절). 복술과 점쟁이를 통해서는 어떻게든 미래를 예측하고자 했다(12절). 또 우상과 주상을 만들어서는 성공을 빌었다(13절). 그렇다면 이러한 갖가지 전략에 대해 하나님은 어떻게 반응하셨을까? 그 모든 것을 멸하고 다 쓸어버리겠다고 하셨다. 이는 마치 그 백성의 필요를 알아 주기보다 모조리 내치시는 모습으로 보일 수 있다. 그들에게 복을 주시기보다 저주하시는 모습으로 보일 수 있다. 자비롭고 관대하기보다 인색한 모습으로 보일 수 있다. 이스라엘 백성의 눈에는 하나님이 그렇게 보였을 것이다. 그러나 이는 진실을 보지 못한 처사다. 하나님이 그 모든 것을 자기 백성에게서 제거하려 하신 이유는 그들에 대한 사랑때문이었다. 백성이 세운 모든 방법들은 그들을 궁지에 빠뜨리기 때문이었다. 여기서 하나님은 구체적으로 다음과 같은 네 가지 반응을 보이셨다.

첫째, 자기 백성의 군사력과 전투력을 제거하겠다고 말씀하셨다. "내가 네 군마를 네 가운데에서 멸절하며 네 병거를 부수며"(10절).

우리는 자문해 봐야 한다. 우리는 능력을 얻기 위해 무엇을 추구하고 있는가? 과연 어디서 우리의 힘을 확보하려고 하는가?

둘째, 자기 백성의 피난처를 제거하겠다고 말씀하셨다. "네 땅의 성읍들을 멸하며 네 모든 견고한 성을 무너뜨릴 것이며"(11절).

당시 성읍들은 안전을 보장하는 대표적인 장소였다. 우

리는 자신을 지키고 보호하기 위해 무엇을 추구하고 있는가?

셋째, 백성이 미래를 예측하고 통제하려는 시도를 하지 못하게 하겠다고 말씀하셨다. "내가 또 복술을 네 손에서 끊으리니 네게 다시는 점쟁이가 없게 될 것이며"(12절).

그렇다면 우리는 어떻게 미래를 통제하려고 노력하는가? 미래를 떠올릴 때 걱정하는 문제는 무엇인가? 미래의 행복에 영향을 미치리라고 기대하며 현재 세우고 있는 계획은 무엇인가?

넷째, 자기 백성이 만든 우상을 제거하여 더 이상 거짓 신을 섬기지 못하게 하겠다고 말씀하셨다. "내가 네가 새긴 우상과 주상을 너희 가운데에서 멸절하리니 네가 네 손으로 만든 것을 다시는 섬기지 아니하리라 내가 또 네 아세라 목상을 너희 가운데에서 빼버리고 네 성읍들을 멸할 것이며"(13-14절).

이 우상들은 바알이나 아세라처럼 이교도가 섬기던 거짓 신들을 가리킨다. 이스라엘 백성은 이러한 우상숭배에 참여하며 창녀들과 관계를 맺는 이교도의 광신적인(cultic) 행위까지 따라했다. 하나님은 그처럼 자신에 대해 부정한 행위를 일삼은 죄를 매우 심각하게 취급하셨다(15절).

혹시 우리는 이렇게 생각할지도 모른다. '나는 이러한 죄에 빠지지 않았으니, 하나님이 어떻게 반응하시든 나와는 상관이 없을 거야. 이처럼 온갖 죄를 저지른 이스라엘 백성과 나는 다르니까. 무엇보다도 그들처럼 우상숭배는 하지 않잖아.'

당시 바알과 아세라를 숭배하던 이스라엘 백성은 스스로 풍요를 다스리고 축복을 가져올 수 있다는 메시지를 받아들였다. 이런 메시지는 우리에게도 낯설지 않게 들린다. 우리는 각자가 신뢰하는 그 무엇이 생산적이고 효과적이며 재정적으로 넉넉한 삶을 현재뿐 아니라 미래에도 보장해 주리라고 생각하지 않는가?

앞서 정리한 바와 같이, 이스라엘 백성은 자신을 지키기 위한 네 가지 전략을 마련했고, 하나님은 그런 수단을 다 제거하겠다고 말씀하셨다(10-13절). 그렇게 함으로써 이스라엘 백성을 회복시키시고 구원하시려는 계획이었다.

:: 문제는 우리 안에 있다

토마스 해리스(Thomas Harris)의 소설 《양들의 침묵》(*The Silence of the Lambs*)에는 깊은 통찰을 담긴 장면이 등장한다. 기괴한 인물로 나오는 한니발 렉터가 FBI 연수생 스탈링과 이야기를 나누는 대목이다. 여기서 한니발은 자기 인생에서 저지른 매우 끔찍하고 사악한 행위들을 묘사한다. 그러자 스탈링이 기겁하며 다음과 같이 묻는다. "도대체 무슨 일이 당신한테 일어났기에, 그런 일까지 저지르게 되었나요? 누가 당신한테 무슨 짓을 했기에, 그렇게까지 나쁜 사람이 되었나요? 어떻게 그지경까지 갈 수 있었던 거죠?" 그녀는 어떤 이유를 듣기 원했다. 이에 한니발이 답변한다. "아무 일도 나한테 일어나지 않았습니다. 어쩌다 그렇게 했을 뿐이죠." 이는 마치 이런 답변과 같다. "당신은 나를 회복시킬 수 없습니다. 다른 외부적인 영향을 받아 내가 이렇게 되었다고 설명하지 못할 테니까요."

흔히 우리는 자신을 괴롭히는 사람이나 끔찍한 환경으로부터 도움을 받는 회복에 대해서는 생각하기 쉽다. 그러나 자신으로부터 회복되어야 한다는 사실에 대해서는 좀처럼 생각하기 어렵다. 안타까운 사실은 사람은 단지 도움이 필요한 존재가 아니라는 것이다. 회복이 필요하다. 어떤 구제가 아니라 구원이 필요하다. 누군가의 협력이 아니라 총체적인 구속이 필요하다. 심지어 외부 상황이 전혀 문제없고 평화롭다 하더라도, 우리는 여전히 죄인이다. 여전히 우상숭배자다. 예수님은 이렇게 말씀하셨다. "무엇이든지 밖에서 사람에게로 들어가는 것은 능히 사람을 더럽게 하지 못하되 사람 안에서 나오는 것이 사람을 더럽게 하는 것이니라"(막 7:15-16).

회심과 거듭남을 일으키는 하나님의 사역이 피상적인 수준이 아니라 심층적인 수준, 곧 우리의 마음에서 진행되는 이유가 여기에 있다(롬 2:28-29).

이러한 사실이 개인적인 차원에서 어떻게 드러나는지는 복음서를 통해 확인할 수 있다. 구체적으로 요한복음 3장과 4장에서 예수님이 각각 만나시는 인물에 주목해 볼 필요가 있다. 첫 번째 인물은 당시 종교 지도자였던 니고데모이다. 그는 유대교에 소속되어 높은 도덕적 기준을 가진 사람이었다. 두 번째 인물은 사회적으로 버림받은 사마리아 여인이다. 그녀는 다섯 명의 남자와 결혼했고 예수님을 만났을 때는 결혼하지 않은 상태로 또 다른 남자와 동거 중이었다.

　　여기서 예수님은 각각 다른 방식으로 그들과 소통하셨다. 둘 다 자기 인생의 구원자가 되려고 했다는 면에서는 공통점을 가지고 있었지만, 서로 다른 문제로 각자가 씨름하고 있었다. 그래서 예수님은 그들의 필요를 각각 다르게 채워 주셨다. 일단 사마리아 여자는 인생의 의미나 수용의 경험을 가지고 있지 않았다. 그래서 여러 사람들과 관계를 맺으며 그 필요를 채워 보려 했다. 그리고 날이 뜨거운 한낮에 혼자 우물가로 가곤 했다. 혹시 동네에 있는 다른 여자들이 나와서 자신을 조롱할지도 모르기에, 사람들이 잘 나오지 않는 시간을 골라 우물가로 갔던 것이다. 이처럼 그녀는 사회적으로 격리된 생활을 했다. 그런데 그 우물가에서 이렇게 말을 건네는 사람을 만나게 된 것이다. "너의 필요를 내가 채워 주마. 네가 진정으로 찾고 있는 게 무엇인지 너도 알지 못하노라. 그러므로 이제 영원히 목마르지 않도록 생수를 네게 주리라."

　　그녀는 인생의 의미를 찾고자 또 누군가에게 깊이 수용되어 여인으로서의 품위를 회복하고자, 생애를 바쳐 그 욕망을 따라다녔다. 하지만 그녀는 결국 갈증을 해소하지 못했다. 그래서 끊임없이 새로운 관계를 맺으며 과연 누가 자신의 구원자가 될지, 누가 자신이 바라는 삶의 의미와 소속감과 명예를 가져다줄지 알고자 했다. 이러던 차에 예수님을 만났고 그분이 바로 자신의 갈증을 해소시키는 생수를 주셨다. 자기에 관해 모든 것을 아심에도 불구하고 자신을 사랑하고 온전히 받아주신 것이다.

니고데모의 경우는 이와 달랐다. 그는 자신이 종교 지도자로서 남들보다 선한 삶을 살았다고 자신했다. 그는 도덕적으로 어떤 문제가 있어 사람들이 꺼리는 인생을 살지 않았다. 오히려 사회에서 존경받는 인물이었다. 교육을 아주 잘 받은 바리새인(Pharisee)이었다. 한마디로 훌륭한 사람이었다. 그렇다면 예수님은 이런 사람에 대해 어떻게 반응하셨을까? 그분은 정면으로 그를 바라보며 이렇게 말씀하셨다. "너는 거듭나야 한다."

이때 예수님은 사마리아 여인을 대하실 때처럼 부드럽게 반응하지 않으셨다. 아마도 니고데모는 신학적인 토론을 하기 위해 예수님을 찾아왔을지도 모른다. 그러나 예수님은 신학 강의를 하는 데 관심이 없으셨다. "너는 강의를 들어야 할 게 아니라 거듭나야 한다."

종교적인 사람이든 종교와 거리가 먼 사람이든, 모든 이들은 자신을 지키고 의지하기 위한 전략을 가지고 있고 그런 수단을 통해 자기만족에 이르려고 노력한다. 그러나 진정한 만족을 얻지 못한다. 바로 진정한 구원자를 만나지 못했기 때문이다. 그래서 주님이 필요하다. 그분만이 우리가 의지하는 대상들을 자신에게서 떼어놓으실 수 있다. 잘못 추구하는 대상들로부터 우리를 건지실 수 있다. 그리하여 오직 그분만이 우리를 충족시키는 구원자이심을 보이신다.

:: 외부 환경으로부터의 회복

결국 우리는 자신과 외부로부터 회복되어야 할 자다. 마찬가지로 이스라엘 백성을 회복시킬 자도 이스라엘 백성이 아니었다. "앗수르 사람이 우리 땅에 들어와서 우리 지경을 밟을 때에는 그가 우리를 그에게서 건져내리라"(6절).

여기서 언급된 '그'는 앞서 예언된 메시아적 인물을 가리킨다. "그가 여호와의 능력과 그의 하나님 여호와의 이름의 위엄을 의지하고 서서 목축하니 그들이 거주할 것이라 이제 그가 창대하여 땅 끝까지 미치리라 이 사람은 평강이 될 것이라"(4-5절).

이 메시아는 바로 우리의 구원자이자 회복자인 예수 그리스도시다. 이는 미가 5장 2절을 인용한 마태복음 2장 6절의 주변 문맥을 통해 분명히 드러나는 사실이다. 그 문맥에서 예수님은 '유대인의 왕'(마 2:2)에 관한 구약의 예언을 성취하시는 분으로 소개된다.

하나님은 우리를 구원하기 원하신다. 또 우리를 회복시

키기 원하신다. 그렇다면 어떻게 거룩하신 하나님이 버림받아 마땅한 우리 같은 우상숭배자들을 구원하실 수 있을까? 더군다나 우리 각자가 '양들의 침묵'의 한니발처럼, 어쩌다 그랬다고, 문제는 내 안에 있을 뿐이라고 말할 수밖에 없는 자들이라면, 어떻게 이런 자들을 회복시키실 수 있을까? 그것은 바로 예수님이 우리가 받아야 할 버림당함을 받으셨기 때문에 가능하다. 그렇게 해서 우리에게 필요한 구원을 성취하셨다. 따라서 그분만이 우리를 회복시키는 구원자가 되실 수 있다.

만일 당신이 예수님이 아닌 다른 구원자를 찾는다면, 결국 실망하게 될 것이다. 그 구원자는 당신을 충족시키지 못하기 때문이다. 또한 당신이 어떤 기준에 이르지 못할 경우 그 구원자는 당신을 용서하지 않을 것이다. 혹 당신이 자신의 경력을 구원자로 여기고 추구한다면, 끊임없이 더 높은 기준을 제시하는 구원자의 요구를 들어주지 못할 경우, 당신은 언제든 수용되지 않고 내처질 수 있다.

결국 예수님만이 당신을 충족시키는 유일한 구원자가 되신다. 그분의 요구를 당신이 지키지 못할지라도 용서하시는 구원자이다. 다른 무엇도 그런 식으로 당신을 구원하지 못한다. 예수님만이 그렇게 하신다. 그분의 구원은 우리의 간구보다 더 큰 응답으로 주어지고, 우리의 필요보다 더 깊은 채움으로 임한다. 그리고 영원히 지속되는 기쁨을 맛보도록 그분과의 관계를 열어 주신다.

Part 3

정의를 행하며
인자를 사랑하며

MICAH
FOR YOU
STEPHEN UM

●

여호와께서 네게 구하시는 것

6:1-16

여호와께서 네게 구하시는 것은
오직 정의를 행하며
인자를 사랑하며

지금까지 미가서를 살펴보며, 우리의 인생에는 평온한
시절보다 고난의 시간이, 부드러운 말보다 듣기 힘든 충고가
더 필요할 때가 있음을 확인했다. 우리가 정말 아플 때 도움이
안 되는 말은 "별 문제 없으니 괜찮아질 거야"라는 식의 위로
다. 아플 때는 누군가가 우리의 고통을 진단하고 어떻게 하면
치료될 수 있을지를 알려 주어야 한다. 미가가 하는 일이 바로
그것이다.

6장에서 다룰 주제는 '정의'인데, 미가는 우리를 진단하
는 의사처럼 다가와 자신이 주는 처방을 따르지 않으면 고통
이 더 악화될 것임을 경고한다.

미가서 6장은 하나님이 산과 땅을 불러 증인으로 세우고 법정을 여시는 장면으로 시작된다(1-2절). 여기서 하나님이 공적으로 법적 책임을 따지시며 재판하려는 대상은 자기 백성이다. 비록 우리는 이 맥락에서 하나님이 재판하시는 구체적인 내용을 들을 순 없지만, 여기에는 어떤 이유가 있다. 고대 사회에서 이런 종류의 글은, 오늘날 우리가 생각하는 책의 형식이 아닌 편지에 가까운 형식이었다. 이를테면 사람들이 모인 장소에서 처음부터 끝까지 쉬지 않고 읽을 수 있는 형식으로 글을 작성했던 것이다. 여기서 미가가 기소의 내용을 즉각적으로 밝히지 않은 이유도 그와 같은 차원에서 이해할 수 있다. 선지서의 초반부에 그 내용을 이미 실어 놓았기 때문이다.

- 2장에서는 하나님 백성이 약하고 가난한 자들에 대한 관심이 전혀 없는 자들로 기소되었다(2:1-2).
- 3장에서는 하나님 백성이 다른 사람의 유익이 아니라 자기 자신과 주변 지인을 위해서만 권력을 사용한 자들로 기소되었다(3:1-3).
- 1장에서는 하나님 백성이 모든 문제를 야기하는 그릇된 욕망을 마음에 품은 자들로 기소되었다(1:5-7). 그 백성의 마음은 왜곡되어 늘 자신만을 향하고 있었기에, 저들의 삶도 이기적인 모습을 그대로 반영하게 되

었다. 그런 모습이 그들에게는 정상으로 여겨졌다. 그러나 미가를 통해 주어진 메시지는 그 모든 상황이 정상이 아님을 드러낸다. 거기에 심각한 문제가 있었다.

바로 이 모든 문제가 이스라엘 백성, 즉 하나님이 주신 땅에서 그분의 율법을 따라 성전에서 예배하는 사람들에 의해 자행되고 있었다. 이는 심각한 문제가 아닐 수 없었다. 그러므로 비난받아 마땅했다.

당시 이스라엘 백성이 행해야 했던 가장 중요한 일은, "여호와 앞에 나아가"(6절) 성전에서 희생제사를 드리며 그분을 예배하는 일이었다. 그런데 미가는 다음과 같은 사실을 강조했다(이 내용이 그가 속한 사회에서 얼마나 큰 논쟁거리가 되었을지 생각해 볼 필요가 있다). 하나님은 그 백성이 수많은 제물을 들고 나아와 성전에서 예배를 드림보다 일상에서 선을 행하는 일을 더욱 기뻐하신다는 것이다(7-8절). 다시 말해 그분은 자신이 요구하신 내용 중에 어느 한 측면만 준수하고 나머지는 무시하는 행위를 기뻐하지 않으신다는 것이다. 이런 차원에서 정의를 행하지 않고 산다면, 그분 앞에서는 모든 일이 거짓이요 엉터리가 된다.

미가는 '번제물'(6절)을 예로 든다. 그 당시 이스라엘 백성에게 번제는 가장 값비싼 대가를 치러야 하는 제사였다. 다른 모든 제사는 그 제물의 일부를 집에 가져가서 먹을 수 있었지만, 번제물은 그 전체를 다 불에 태워야 했기 때문이다. 또 미가는 그 백성이 생각할 만한 최고의 예물과 헌신으로서 "일 년 된 송아지", "천천의 숫양", "만만의 강물 같은 기름", "맏아 들", "몸의 열매"(6-7절) 등을 열거한다. 이는 오늘날로 치면, 황 금 같은 시간을 드리고, 애써 벌어 놓은 돈과 비축한 재산을 헌 납하며, 새벽부터 교회에 나와 수고하는 헌신 등을 의미한다. 그런데 미가는 이웃을 구체적으로 사랑하지 않는다면, 그 모 든 예물과 헌신이 다 엉터리라고 말하는 것이다. 하나님은 아 모스 선지자를 통해서도 동일한 메시지를 주셨다.

"내가 너희 절기들을 미워하여 멸시하며 너희 성회들을 기뻐하지 아니하나니 너희가 내게 번제나 소제를 드릴지라도 내가 받지 아니할 것이요 너희의 살진 희생의 화목제도 내가 돌아보지 아니하리라 네 노랫소리를 내 앞에서 그칠지어다 네 비파 소리도 내가 듣지 아니하리라 오직 정의를 물 같이, 공의 를 마르지 않는 강 같이 흐르게 할지어다"(암 5:21-24).

예수님께서도 정의가 빠진 채 행하는 종교적 관습을 문 제 삼으시며, 사랑의 마음이 없는 신앙생활을 비판하셨다. 특 히 지독한 열심으로 율법을 준수하고 성경을 줄줄 외웠던 바 리새인들을 강하게 질책하셨다. "화 있을진저 외식하는 서기 관들과 바리새인들이여 너희가 박하와 회향과 근채의 십일 조(tithe)는 드리되 율법의 더 중한 바 정의와 긍휼과 믿음은 버 렸도다 그러나 이것도 행하고 저것도 버리지 말아야 할지니라"(마 23:23).

　　예일대학교(Yale University)의 명예 교수인 니콜라스 월터
스토프(Nicholas Wolterstorff)는 다음과 같이 설명했다.

> 선지자들은 예배에 참여하는 자가 정의를 구하지도 않
> 고 실천하지 않으면 예배의 진정성이 상실된다고 증언
> 한다. 우리는 이 사실에 놀라고, 당황하고, 충격을 받아
> 야 할 것이다. 물론 우리도 하나님께 예배를 드리며 찬
> 양을 올린다. 가사를 생각하며 열심히 노래한다. 그런데
> 왜 우리의 예배가 부족하다는 걸까? 또한 우리는 예배할
> 때 하나님께 기도하며 가난한 자를 돌봐 주시기를 간구
> 한다. 만일 진심으로 그렇게 바라며 기도했으면 되지 않
> 았을까? 그렇다면 왜 우리의 예배가 부족하다는 걸까?
> 우리가 이렇게 자문할 수 있는 이유는 예배를 마치 큐
> 렛(curette)으로 긁어내듯 하나님의 호의를 얻어내려는 수
> 단으로 여기거나 일상생활에서 잠시 도피하려는 기회로
> 삼기 때문이다. 이런 생각으로 예배를 이해한다면, 불의
> 가 예배의 진정성을 훼손할 수 있다는 말이 어처구니없
> 게 들릴 것이다. 선지자들은 하나님께 우리의 삶을 전적
> 으로 바치는 표현이 예배라고 생각했기 때문에 그렇게
> 증언할 수 있었다. 예배는 우리가 얼마나 진지하고 그럴
> 듯하게 드리든 간에, 자기만족을 위한 행위로 드린다면

더 이상 예배일 수 없다. 예배는 하나님을 향하여 믿음으로 살아가는 삶의 표현이다. 그런 삶에 없어서는 안 될 요소가 바로 정의다. 그렇기에 정의가 결여된 예배는 하나님을 기쁘시게 못한다. 그러한 예배는 혐오감을 불러일으키기 때문이다. 본질이 심하게 왜곡되었기에, 하나님은 그런 예배를 역겨워 하신다. 여기서 명심해야 할 사실은 선지자들이 전한 하나님의 뜻은 기도뿐 아니라 정의를 찬양만이 아니라 자비를, 예배뿐 아니라 사랑을 실천하라는 내용이 아니었다는 것이다. 그들은 예배와 정의를 따로 강조하지 않고, 정의가 없이는 진정한 예배 자체가 불가능하다고 강조했다.[1]

:: 정의란 무엇인가

그렇다면 이제 정의란 과연 무엇인지를 제대로 알아야 한다. 미가는 다음과 같이 말한다.

사람아 주께서 선한 것이 무엇임을 네게 보이셨나니 여호와께서 네게 구하시는 것은 오직 정의를 행하며 인자를 사랑하며 겸손하게 네 하나님과 함께 행하는 것이 아니냐(8절).

여기서 "정의를 행하며"(do justice)와 "인자를 사랑하며"(love kindness)라고 표현된 두 가지 어구에 주목할 필요가 있다. 우리는 누군가가 정의를 행한다는 말을 들으면, 흔히 징벌을 내리는 행위를 떠올리곤 한다. 많은 이들이 정의와 죄악에 대한 형벌을 동일시하기 때문이다. 물론 정의에는 그런 측면이 포함되지만, 정의는 단지 그렇게만 이해되기에는 훨씬 의미가 깊다. 정의는 단지 가해자의 잘못에 상응하는 벌을 내리는 행위만이 아니라, 스스로 설 수 없는 사람들, 가령 피해자뿐 아니라 가난한 자와 힘없는 자와 상처 입은 자 그리고 영향력이 없는 자에게 주어져야 할 무엇인가를 주는 행위까지 포괄하는 개념이다. 그래서 잘못한 자에게 벌을 내리는 수준에서 더 나아가 모든 일들이 올바르게 구현되는 사회를 만들어 가려는 노력도 정의의 실천이라고 할 수 있다. 그러한 사회에서는 상처가 많고 연약한 사람들도 건강하게 성장할 수 있기 때문이다. 이와 같은 내용이 바로 정의를 행한다는 말의 성경적인 의미라고 할 수 있다.

마찬가지로 미가가 사용한 '인자'(헤세드)라는 단어도, 당시 유대 문화를 배경으로 살펴볼 때, '무조건적인 사랑', '무제한적인 사랑', '불굴의 사랑', '끊임없는 사랑', '끈질긴 사랑' 등의 의미로 번역될 수 있다. 곧 이렇게 말할 수 있는 사랑을 의미한다. "모든 사람이 나한테 너를 포기하라고 말해도, 나는 너를 버릴 수 없다. 너에 대한 나의 마음은 변치 않는다. 혹 손해가 된다고 하더라도 나는 너와 함께 있겠다." 미가가 말한 '인자'는 바로 이러한 의미로 이해되어야 한다.

위의 두 가지 어구를 결합해 보면, 정의가 무엇인지 더 분명히 이해할 수 있게 된다. 정의는 다름 아닌, 타인을 온전히 끈질기게 사랑하여, 사회적으로 아픔이 많은 연약한 사람일지라도 끝까지 건강하게 성장할 수 있도록 포기하지 않는 것이다. 이와 같은 정의의 본질은 정의를 설명하려는 오늘날의 접근들을 부끄럽게 만든다. 다시 말해, 정의에 대한 우리의 생각을 돌아보게 만든다.

미국의 정치학자 로버트 퍼트넘(Robert Putnam)은《우리 아이들》(Our Kids)이라는 저서에서 과거에는 마을에 사는 모든 아이를 '우리 아이'라고 불렀다고 설명한다. 이웃이 가족과 같았기에 서로에 대한 책임 의식도 분명했다는 것이다. 그래서 혹 누군가가 넘어지면, 몸을 굽혀 그 사람을 일으켜야 할 책임은 모두에게 있었다. 그런데 오늘날은 그런 종류의 의무감을 더 이상 느끼지 않는 시대가 되었다. 이런 차원에서 퍼트넘은 이 사회적 결속력의 상실이야말로 현대 사회가 겪고 있는 불의의 주된 원인이라고 주장한다.[2]

이처럼 불의와 불평등은 헤세드, 즉 인자가 사라진 곳에서 발생한다고 말할 수 있다. 우리는 서로에게 헌신하며 타인을 위해 어떻게 인자를 실천할지를 고민하기보다 사회에 횡행하는 불의에 대한 변명을 대기에만 급급해졌다. 미가가 지적하고자 한 이스라엘 백성의 문제도 같았다.

:: 기억하라

그렇다면 왜 정의를 행해야 할까? 바로 하나님이 정의를 행하셨기 때문이다. 그 사실을 아는 우리도 정의를 행해야 한다. 왜 인자를 나타내야 할까? 다름 아닌 하나님 자신이 그렇게 넘치는 인자를 나타내셨기 때문이다. 그렇기에 그 사랑을 목격한 우리도 인자를 나타내야 한다. 이런 차원에서 하나님은, "내가 너를 애굽 땅에서 인도해 내어 종 노릇하는 집에서 속량하였"던 일을 "기억하라"라고 말씀하신다(4-5절).

여기서 하나님은 이스라엘 역사의 주춧돌과 같은 사건을 상기시키신다. 곧 수백 년 동안 애굽의 통치 아래 압제를 당하며 신음했던 때를 생각하게 하신 것이다. 그때 하나님은 자신의 인자를 따라 모세와 아론과 미리암과 같은 지도자들을 일으켜 그 백성을 애굽의 압제에서 벗어나게 하셨다. 당시 그들이 싯딤에서 길갈에 이르며 약속의 땅을 행해 진군하고 있을 때, 모압 왕 발락으로부터 공격을 받은 일이 있었다(5절). 그러나 하나님은 나귀가 말을 해야 할 만큼 둔했던 발람을 사용하여 모압의 계략을 막으시고 그 백성을 보호하셨다(민 22-24장). 그래서 이렇게 말씀하신 것이다. "기억하라."

그러나 이 모든 역사에도 불구하고, 미가 시대의 이스라엘 백성은 이렇게 말하고 있었다. "하나님, 제발 잔소리 좀 안하셨으면 좋겠습니다. 보십시오. 우리는 늘 성전에 가서 제물을 드리고 있습니다. 그런데 뭐가 더 필요합니까? 대체 뭐가 부족하다는 것입니까?"

이런 상황에서 하나님은 물으셨다. "내 백성아 내가 무엇을 네게 행하였으며 무슨 일로 너를 괴롭게 하였느냐"(3절). 물론 이에 대해서는 하나님이 그들을 괴롭히신 적이 없다고 대답할 수밖에 없었다. 오히려 그들이 하나님의 마음을 괴롭게 했다. 그럼에도 하나님은 그들에게 다음과 같이 말씀하기를 원하셨다. "나는 너를 결코 떠나거나 버리지 않을 것이다. 나의 사랑은 너의 고집보다 더 끈질기고 강하니라. 네가 아는 그 어떤 사랑보다 더 뜨겁고 밝게 타오르는 나의 인자로 너의 굳은 마음을 녹이고 활짝 열겠노라."

이러한 하나님의 뜻을 전달하며 미가는 그 백성의 마음을 사로잡고 있었다. "하나님이 어떻게 너희를 돌보시고 구속하여 복된 백성이 되게 하셨는지를 기억하라. 너희가 그 사랑을 받을 만하기 때문이 아니라, 하나님이 그저 너희를 사랑하시기 때문이었으니, 너희는 그 사실을 기억하라."

만일 미가가 시대에 활동했다면, 우리로 하여금 또 다른 사건을 기억하도록 지적했을 것이다. 바로 구원 역사에서 가장 중대한 사건을 돌아보도록 지적했을 것이다. 물론 미가는 아쉽게도 그 사건을 상기시킬 수 있는 특권을 누리진 못했다.

하지만 그와 달리 우리는 그 사건을 돌아볼 수 있다. 따라서 기억해야 한다. 바로 하나님이 그 불굴의 사랑으로 자기 백성을 찾아오셔서 다시금 정의를 행하고 인자를 사랑하신 사건, 그럼에도 그 백성에게는 괴롭힘을 당하신 사건을 기억해야 한다. 그때 저들은 정의와 인자가 겸손히 그들 앞에 행해지는 모습을 보았으나 오히려 그에 분개했다. 왜냐하면 하나님이 그 백성에게 요구하시는 모습에서 멀어져 있었기 때문이다. 그 결과 그들은 역사상 가장 불의하고 사랑에서 가장 거리가 먼 행동을 저지르고 말았다. 바로 하나님의 아들을 죽인 것이다. 그러나 그 순간마저도 하나님의 인자는 멈추지 않고 계속되어 비통할 정도로 불의한 그 사건을 정의를 행하시는 방편으로 삼으셨다. 다시 말해, 아들의 죽음을 우리의 죽음으로 여겨 주신 것이다. 그리고 아들의 생명도 우리의 생명으로 여겨 주셨다. 이로써 자신의 넘치는 사랑을 우리에게 보이셨다. 따라서 이 복음은 한 마디로, '헤세드' 즉 '인자'다.

　　따라서 하나님의 인자가 우리로 하여금 인자를 행하게 만든다. 또한 하나님의 정의가 우리로 하여금 정의를 행하게 만든다. 결국 하나님이 어떤 분이신지를 기억할 때 우리가 어떤 사람이어야 하는지를 알 수 있게 된다. 만일 우리가 겸손히 하나님과 동행할 때 우리는 그분을 더욱 닮고 싶어 할 것이다. 그러므로 우리는 마음의 문을 열어야 한다. 그리고 정의와 인자를 행해야 한다. 정의와 인자를 행하는 한 가지 방법은 주변에 있는 사람들을 돌아보는 것이다. 우리에게서 시선을 돌려 다른 이들, 특히 사회적으로 소외되고 상처 받기 쉬운 자들을 돌아본다면, 정의를 행하고 인자를 사랑하라는 미가서의 뜻을 온전히 파악할 수 있을 것이다.

이와 동시에 우리가 붙들고 있는 안일과 우상도 우리의 삶에서 떼어 내려는 노력을 해야 한다. 우리 마음을 쥐고 있는 문제가 무엇인지를 살펴봄으로써 일상에서 정의를 행하고 인자를 사랑하는 데 방해가 되는 장애물이 무엇인지 확인할 수 있기 때문이다. 이런 노력은 우리에게 익숙한 생활 리듬과 편안한 장소를 벗어나도록 우리를 부추길 수 있다. 그러나 그렇게 노력함으로써 억지스럽지 않고 자유롭게 하나님의 뜻을 따라 살 수 있게 된다. 왜냐하면 우리는 하나님을 예배하며 일생토록 그분과 동행하기 위해 창조되었기 때문이다. 여기서 기억해야 할 사실은 하나님에 대한 참된 예배는 우리에게 "정의를 행하며 인자를 사랑하"는 삶을 요구한다는 것이다(8절).

:: 재판의 진행

하나님이 산과 땅을 증인으로 삼아 법정을 여시고 피고를 불러내신다(1-2절). 그리고 판단의 기준이 명시된다(8절). 이에 따라 기소의 이유와 평가가 내려지고(9-12절), 최종 판결이 선고된다(13-16절).

이 과정에서 재판을 제기한 자는 누구인가? 미가는 이렇게 밝힌다.

여호와께서 성읍을 향하여 외쳐 부르시나니(9절).

그러면서 지혜는 여호와의 이름을 경외하는 데 있다고 덧붙인다. 이는 "여호와를 경외하는 것이 지혜의 근본"이라는 잠언의 말씀을 상기시킨다(잠 9:10). 이처럼 미가는 재판을 제기하시는 하나님의 음성에 귀를 기울이라고 촉구한다.

그렇다면 누가 재판을 받기 위해 귀를 기울여야 하는가? "성읍을 향하여 외쳐 부르시나니." 바로 성읍이다. 이 성읍은 예루살렘을 의미할 수도 있고, 또는 그 성읍에 살면서 하나님의 뜻을 생각하지 않는 모든 거주민을 가리킬 수도 있다.

도대체 이들을 재판하는 내용은 무엇인가? 그 내용은 다음과 같이 요약된다.

- 불의한 재물 착취(10절): "악인의 집에 아직도 불의한 재물이 있느냐 축소시킨 가증한 에바가 있느냐."
  피고는 불의한 방법으로 자기 스스로를 위해 재물을 축적했다. 하나님은 그러한 행위를 간과하거나 모른 척하실 수 없다. 만일 그리하시면, 자신도 불의에 참여하는 공범이 되시기 때문이다.

- 조작한 저울 사용(11절): "내가 만일 부정한 저울을 썼
  거나 주머니에 거짓 저울추를 두었으면 깨끗하겠느
  냐." 고대 사회에서는 규격화된 측정 도구를 확보하는
  일이 쉽지 않았다. 따라서 상대방이 올바른 저울을 사
  용하리라고 믿어 주는 관습에 따라 거래를 진행했다.
  그러나 피고는 부정한 저울을 사용했다. 곧 거래 시에
  상대방이 자신을 신뢰하는 관습을 악용했던 것이다.
- 폭압과 속임의 행위(12절): "그 부자들은 강포가 가득
  하였고 그 주민들은 거짓을 말하니 그 혀가 입에서 거
  짓되도다."
  피고는 자신의 이득을 위해서라면 무엇이든 했다. 그
  과정에서 남을 속이든 때리든 상관하지 않았다. 개인
  적으로 이득을 취하는 일이 최고의 우선순위였기 때
  문이다.

이처럼 이스라엘 백성이 기소된 이유가 발표되고, 이제
최종 판결만 남은 상황이다. 여기서 하나님은 공정한 검사이
자 판사의 역할을 하신다. 그 정확한 판단에 따라 피고가 위와
같이 범죄를 행했다는 사실에 대해서는 더 이상 의문의 여지
가 남지 않게 되었다. 이제 우리가 할 수 있는 마지막 질문은
과연 하나님이 그들을 사면해 주실 수 있는가이다. 이미 그들

에게 범죄의 사실이 있다는 평가가 주어졌다. 그렇다면 그분
은 어떻게 최종 판결을 내리실 것인가?

:: 계산적인 사람들

우리는 현재의 문맥을 읽으면서 무의식적으로 이렇게 생
각하기 쉽다. '이런 범죄 사실이 나하고는 무슨 관련이 있지?
내가 쓰는 저울은 아무 문제도 없잖아.' 그런데 우리는 스스로
에게 물어야 한다. '나는 어떤 방식으로든 개인적인 이득을 챙
기기 위해 일하고 있지는 않은가?' 말 그대로 어떤 측정 도구
를 부정직하게 조작하지 않았을 수 있다.

그러나 그에 상응하는 다른 문제가 혹 있지는 않은지도
생각해 봐야 한다. 가령 우리가 지닌 재정적인 능력이나 직장
에서의 자리, 또는 우리가 맺은 관계나 심지어는 신앙마저도
우리 자신의 이득을 위해 속이거나 조작하는 일을 할 수 있기
때문이다. 그렇다면 우리에게도 똑같은 범죄 사실이 적용되는
것이다. 왜냐하면 우리는 매우 계산적인 사람들로서 언제나
손익 계산을 먼저 따지기 때문이다.

흔히 우리는 인생에서 일어나는 모든 일을 경제적이고
상업적인 측면에서 바라볼 때가 있다. 우리가 속한 사회가 모
든 사람을 소비자로 인식하기 때문에, 그 안에서 우리는 인생
의 모든 국면을 상업적인 렌즈를 끼고 바라보게 된다. 그래서

어떻게 하면 최소의 투자로 최고의 수익을 얻을 수 있을지를 궁리하며 살아간다. '어떻게 하면 비용은 줄이고 수입은 늘릴 수 있을까?' 이 질문이 늘 따라다니는 것이다. 이때 우리 생각의 초점은 타인과 함께 누리는 공평과 정의가 아니라, 자신에게 돌아오는 이득에 맞춰져 있다(미가 전체에 걸쳐 지적되는 이스라엘 백성의 문제도 그와 같았다).

예를 들어, 오늘날 직장을 선택하거나 이직할 때 어떤 기준에 따라 그렇게 하는지를 잠시 생각해 보도록 하겠다. 웨이크포레스트대학교(Wake Forest University)의 총장인 네이선 해치(Nathan Hatch)는 직업이 얼마나 많은 연봉이나 명성을 자신에게 가져다줄지에 따라 금융, 컨설팅, 법률, 의학 분야에 지원하는 사람들의 수가 매우 불균형적으로 나타난다는 사실을 2009년도에 발표한 적이 있다. 거기서 그는 젊은이들이 직장을 선택할 때, "어떤 일을 해야 사람들이 더 잘 살도록 도울 수 있을까? 어떻게 하면 공동의 유익을 추구할 수 있을까?"라는 질문이 아니라, "어떤 일을 해야 내가 더 잘 살게 될까? 어떤 직업이 나를 더 보기 좋게 만들어 줄까?"라는 질문을 던지며 직종을 고른다고 우려를 표명했다.[3]

만일 우리도 서구 문화의 사고방식에 길들여져 이러한 질문이 익숙하게 느껴진다면, 우리 역시도 다른 사람과 함께 잘살 수 있는 길보다 자신이 잘사는 데 도움이 되는 직장을 더 중요하게 여긴다고 할 수 있다. 이런 현상은 개인주의적 문화가 공공연히 확산되어 개인의 이득이 가장 강력한 동기로 작용하는 환경에서 나타나게 된다. 그래서 인생에서 마주하는 모든 문제에 대해 소비자적인 자세를 취하게 만드는 것이다.

바로 이 계산적인 행태가 이스라엘 백성에게뿐 아니라 우리에게도 해당되는 재판의 사유가 된다. 만일 우리가 자신의 이득을 극대화하기 위해 손익 계산에 따라 관계와 일터 및 다른 모든 삶의 영역을 조작하려고 한다면 우리 역시 유죄다. 이기적인 계산에 따라 야기된 행동은 다 죄이기 때문이다. 따라서 기소가 정당화된다.

:: 모든 것이 드러나다, 최종 판결

"그러므로"(13절), 이는 범죄 사실이 드러난 이스라엘 백성에 대해 이제 곧 판결이 내려진다는 신호다. "나도 너를 쳐서 병들게 하였으며 네 죄로 말미암아 너를 황폐하게 하였나니." 여기서 "쳐서 병들게" 한다는 표현은 고통이 심할 정도로 타격을 입힌다는 말이다. 우리는 이렇게 생각할지도 모른다. '무슨 하나님이 자기 백성이 병들 정도로 그들을 때리신다는 말인가?' 그러나 이렇게 치심은 그들을 죽이고자 하시는 행위가 아니다. 하나님은 완전히 진멸시키겠다고 말씀하지 않으셨다. 그분이 하시려는 일은 세상의 불의를 다루는 것이다. 죄로 인해 발생된 문제를 제거하시겠다는 것이다. 넓은 차원에서 볼 때, 하나님이 판결하시는 목적은 바로 거기에 있다.

하나님은 이스라엘 백성이 어떻게든 조작하여 손에 넣으려고 했던 이득을 얻지 못하게 하시겠다고 판결을 내리신다. 먹어도 만족이 없고 배부름이 없으며, 무엇인가를 모아두어도 보존되지 않게 하겠다고 말씀하신다(14절). 그리고 그들이 밟아서 얻고자 한 기름과 포도주도 그들에게 주지 않겠다고 말씀하신다(15절). 역설적으로 하나님의 경륜(God's economy)에서는 가난하고 겸손한 자가 채움을 얻는다. 그렇기에 그와 상반된 상태에 있던 이스라엘 백성은 이러한 메시지를 들어야 했다. "너희의 수고가 헛되리라. 열심히 일하여도 열매를 거두지 못하리라. 일할 때 기쁨과 행복을 누리지도 못하리라. 결국 너희가 취하는 모든 방법이 소용없으리라."

당시 이스라엘 백성은 주변 제국의 침입과 그로 인한 유배가 임박했다는 경고를 듣고 있었다. 다시 말해 그들은 지금까지 일하여 얻은 모든 소유로부터 분리될 수밖에 없는 상황에 놓여 있었다. 애써 모은 재물을 뒤로하고 떠나야 할 상황을 앞두고 있었던 것이다. 마찬가지로 우리도 유배를 앞두고 있다고 말할 수 있다. 궁극적인 유배는 다름 아닌 죽음이기 때문이다. 죽음은 우리에게 모든 것을 뒤에 두고 떠나라고 강요하면서, 평생 축적해 놓은 소유로부터 우리를 결국 떼어 놓는다. 이런 이유로 예수님은 재물을 이 땅에 쌓아 두고 하나님께 대해서는 부유하지 않은 자를 "어리석은 자"라고 평가하셨다(눅 12:20).

언젠가 우리는 심판대 앞에 서게 된다. 그때 우리 각자는 자신이 살면서 행한 일에 대해 변명하며 자기 행동을 정당화하고 싶을지도 모른다. "이런 문제가 생겼기 때문에 그랬습니다", "부모가 저를 충분히 사랑하지 않아서 그랬습니다", "그건 제 남편 때문입니다", "제 직장이 어땠는지 아시지요." 그러나 어떤 변명을 하고 싶든 우리는 결국 정직하게 실토할 수밖에 없다. 정의의 심판대 앞에서는 모든 사실이 드러나기 때문이다. 우리 모두는 자신에게 요구되는 기준에 미치지 못하였음을 직관적으로 알고 있다. 그리고 다른 이들의 필요보다 우리 각자의 개인적인 이득을 확보하기 위해 살아왔다는 사실도 알고 있다. 혹 이렇게 말하고 싶을지도 모른다. "제 인생은 이스라엘 백성의 경우만큼 타락하지는 않았습니다."

그러나 정도의 차이는 있을지언정 죄악의 종류에는 전혀 차이가 없다. 성경은 인간의 마음과 처지를 있는 그대로 평가하며 결국에는 우리 모두가 정의의 심판대 앞에 서게 되리라고 반복해서 경고한다. 그 앞에서는 각 사람이 자신이 한 일에 대한 판결을 받아야 한다.

16절은 지금까지의 본문을 요약하는 기능을 한다. 여기서 언급되는 오므리와 아합은 우상숭배로 악명이 높았던 이스라엘 왕들이다(왕상 16:21-22:40). 이스라엘 백성은 그 왕들의 '율례'와 '예법'을 지키고 '전통'을 따르고 있었다. 그래서 하나님은 그들에게 이렇게 말씀하셨다.

> 내가 너희를 황폐하게 하며 그의 주민을 사람의 조소거리로 만들리라 너희가 내 백성의 수욕을 담당하리라(16절).

여기서 하나님은 이스라엘 백성의 범죄 사실을 다시 진술하며 그에 대해 판결을 내리신다. 다만 차이가 있다면, 그 재판이 우상숭배를 다시 문제 삼는다는 데 있다. 그 백성은 하나님과 동행하며 정의를 추구하라는 가르침보다 우상숭배에 빠진 왕들의 행위를 그대로 따라하고 있었다. 그래서 황폐함과 부끄러움에 직면하게 되었다. 여기에 무슨 소망이 있을까?

본문에서는 복음과 연결되는 뚜렷한 핵심이 발견되지 않는다. 그런데 감사하게도 이 본문과 관련하여 참고할 만한 또 다른 본문이 있다. 바로 미가와 동시대에 활약했던 이사야서에 등장하는 본문이다. 이 본문은 하나님의 구속 계획이 전개

되는 과정에서 미가의 메시지와 동일한 주제에 해당하는 내용을 전해 준다. 곧 이사야 51장 17-20절의 본문이다. 이는 미가와 유사한 표현을 사용하여 이스라엘 백성에 대한 하나님의 심판을 비슷한 내용으로 경고하는 메시지다. 그리고 이어지는 이사야 52장과 53장은 잘 알려진 바와 같이 고난 받는 종에 관한 예언을 전달한다. 한마디로 이사야 51장의 본문이 이스라엘에 대한 문제 제기와 판결을 제시하며 "이제 그들에게 소망이 있을까?"라고 반응할 수밖에 없게 만든다면, 이어지는 52-53장은 앞서 이 백성에게 내려진 판결이 이제 어떻게 실행될지를 기대하게 만든다고 볼 수 있다.

바로 이 문맥에서 등장하는 고난 받는 종은 지혜롭고 존귀한 자로 묘사된다. 그는 미가나 이사야가 하나님의 법정으로 소환했던 이스라엘 백성의 모습과 같지 않다. 그런데 그는 하나님께 맞는다. 고통을 받는다. 그 백성의 죄악으로 인해 몸이 상한다. 그들의 허물 때문에 깨지고 억눌리며 버려진다. 이때 이 종이 끊겨져 버려지는 모습은 마치 미가 5장 10-13절에서 묘사된 사건들, 즉 하나님 백성이 의지한 말과 성읍과 점쟁이와 새긴 우상들을 모조리 그들로부터 끊어 내시는 하나님의 행동을 연상시킨다. 이처럼 이 종은 많은 사람의 죄를 담당하여 바로 그 죄악으로 인해 타격을 받는 자로 묘사된다. 미가는 "너희가 내 백성의 수욕을 담당하리라"(미 6:16)며 하나님의 뜻을 전달했다. 즉 이 백성에게 내려진 판결이 그들에게 미치지 않으려면, 누군가가 그 백성의 수치를 대신 담당해야 한다는 말이었다. 고난 받는 종이 바로 그 일을 맡게 된 것이다.

우리는 성경 전체에 걸쳐 하나님의 백성이 지은 죄가 지목되고 그에 대한 심판이 내려지는 장면을 보게 된다. 그러면서 또한 하나님이 그 백성의 문제를 떠안으시는 장면도 보게 된다. "그의 탐심의 죄악으로 말미암아 내가 노하여 그를 쳤으며 또 내 얼굴을 가리고 노하였으나 그가 아직도 패역하여 자기 마음의 길로 걸어가도다 내가 그의 길을 보았은즉 그를 고쳐 줄 것이라"(사 57:17-18).

하나님은 만일 누구라도 자기 백성의 문제를 떠맡지 않으면 그 백성이 자신들의 죄악으로 인해 수치를 당하게 되리라는 사실을 아셨다. 곧 우상숭배로 인해 그들이 끊겨져 버려지리라는 사실을 아신 것이다. 그래서 하나님은 고난 받는 종이신 그리스도 안에서 우리에게 내려진 판결을 역전시키셨다. 바로 자신이 그 판결을 감당하신 것이다. 이처럼 이사야 52-53장을 그에 앞선 51장 17-20절과 미가 6장을 배경으로 해서 읽는다면, 그리하여 우리가 이스라엘 백성과 똑같은 법정에 앉아 동일한 판결이 내려지는 장면을 목도한다면, 그분이 우리의 수욕을 담당하셨다는 사실에 대한 깊은 경외심이 일어나게 될 것이다.

이와 같은 판결이 우리의 인생에 어떤 변화를 가져다줄지 생각해 봐야 한다. 우리는 자신에 대한 타인의 평가를 의식하며 그 평가가 어떠한지를 알고 싶어 한다. 그래서 어떤 면에서는 매일 평가를 구하며 살아간다고 할 수 있다. 즉 사람들이 (혹은 우리 스스로가) 우리를 평가하여 우리 자신이 듣기 원하는 긍정적인 평가를 내려 주기를 원한다.

그러나 성경은 훨씬 더 중요한 평가가 따로 있다고 가르친다. 우리의 인생이 거룩하신 하나님의 임재가 있는 법정 안에서 살아가는 시간과 같기 때문이다. 그리고 성경은 우리가 스스로를 의롭게 하지 못하며, 오히려 다른 누군가가 와서 그의 행위로 우리가 의롭게 될 수 있는 길을 열어 주었다고 알려 준다. 그리하여 최종적인 평가가 주어지게 되었다. 누군가가 우리의 죄악을 감당하기 위해 기꺼이 고통과 상처를 받고, 깨어지고 억눌리는 아픔을 겪으며, 하나님으로부터 끊어지고 버려지는 괴로움을 당했다. 바로 예수님이 이처럼 모든 일을 당하시며 우리에게 내려진 판결을 감당하셨기에, "그러므로 이제 그리스도 예수 안에 있는 자에게는 결코 정죄함이 없"게 되었다(롬 8:1). 따라서 우리는 이미 우리 인생에 내려진 궁극적인 평가가 무엇인지를 알고 있다. 그 평가는 우리가 선이나 악을 행하기도 전에 주어졌다.

결국 우리는 세상의 평가를 지나치게 생각하지 않아도

된다. 좋은 평가를 얻기 위해 굳이 무엇인가를 할 필요도 없고, 자신의 가치를 알아보려고 애쓸 필요도 없다. 당연히 다른 이들을 속이거나 성공의 방법을 드러내려고 할 필요도 없다. 궁극적인 평가가 이미 주어졌기 때문이다. 예수 그리스도가 우리를 대신해서 행하신 일만이 우리가 누구인지를 말해 준다. 그분이 죄를 몸소 담당하셨다. 그분이 법정에서 우리의 자리에 대신 서셨고, 우리에게 새로운 판결이 내려졌다. 그 결과 우리에게 생명이 거저 주어졌다. 이로써 타인의 유익을 구하고 하나님을 영화롭게 하는 삶을 살게 되었다. 이는 그분을 위해 사는 삶이요, 나의 유익이나 능력을 구하기 위해 사는 삶이 아니다.

바울은 이 사실을 깨닫고 이렇게 고백했다. "이는 내게 사는 것이 그리스도니 죽는 것도 유익함이라"(빌 1:21). 그의 인생은 완전히 다른 방식으로 변화되었다. 이제 그에게 죽음은 모든 것을 상실하는 일이 아니라 모든 것을 얻는 일을 의미한다. 그래서 다시 이렇게 고백할 수 있었다. "무엇이든지 내게 유익하던 것을 내가 그리스도를 위하여 다 해로 여길뿐더러 또한 모든 것을 해로 여김은 내 주 그리스도 예수를 아는 지식이 가장 고상하기 때문이라 내가 그를 위하여 모든 것을 잃어버리고 배설물로 여김은 그리스도를 얻고 그 안에서 발견되려 함이니"(빌 3:7-9).

이러한 바울의 고백은 미가 시대의 이스라엘 백성만이

아니라 오늘 우리의 마음까지 사로잡고 있는 세상의 가르침과 전혀 상반된 내용을 보여 준다.

결과적으로 우리는 두려워하며 살아갈 이유가 없다. 복음은 우리가 모두 거짓되다는 사실을 하나님이 이미 알고 계신다고 가르친다. 우리는 그분 앞에서 진실을 숨기기 위해 안절부절할 필요가 없다. 최종 판결은 이미 내려졌고, 재판은 종결되었으며, 우리는 자유롭게 법정을 나올 것이기 때문이다.

●

다시 발견한 애통의 미학

7:1-7

오직 나는 여호와를 우러러보며
나를 구원하시는
하나님을 바라보나니

지금까지 우리는 미가 선지자와 함께 매우 험난한 길을 걸어왔다. 그리고 드디어 마지막 장에 도착했다. 이제 우리는 미가가 자신을 둘러싼 주변 현실에 어떻게 반응하는지를 살펴볼 것이다. 여기서 미가는 자신이 목격하고 있는 상황 때문에 정서적으로, 실존적으로 깊은 충격을 받는다. 그가 목격한 상황은 이러하다. 이스라엘 백성의 삶이 그들의 행위로 인해 갈기갈기 찢겨졌다. 또한 사회적인 문제가 속출했고, 이에 하나님은 그 백성이 회복에 앞서 여러 가지 심판과 유배를 경험하게 되리라고 경고하셨다. 따라서 미가는 상상할 수 없는 참혹한 현실에 대해 복받치는 감정을 느끼고 있다.

이런 상황을 보며 우리는 질문하지 않을 수 없다. 하나님은 우리가 인생에서 큰 어려움을 만났을 때 어떻게 반응하기를 원하실까? 그 상황을 무시하기를 원하실까? 극복하기를 원하실까? 아니면 그 어려움을 통해 강해지기를 원하실까?

이제 하나님은 미가서를 통해 우리에게 통해 하나님은 참혹한 현실을 대하며 애통하는 심정을 갖도록 하신다. 즉 주변 상황을 정직하게 평가한 후에 그에 대한 슬픔을 자신 앞에 토로하라고 우리를 부르신다.

:: 애통이란 무엇인가

애통이란 무엇인가? 애통은 깊은 고뇌와 슬픔의 표현이다. 다시 말해, 한탄하고 슬피 울며 괴로워서 가슴을 치는 일이다. 그저 엄살을 피우며 불평이나 하고 투덜거리는 행위가 아니다. 사소하고 별것도 아닌, 그야 말로 피상적인 문제로 인해 스트레스 받는 정도의 고통이 아니라는 말이다. 미가는 애통이 무엇을 의미하는지를 다음과 같은 탄식으로 표현했다. "재앙이로다 나여"(1절).

이는 성경에 등장하는 아주 전형적인 애통의 형식을 보여 준다. 안타깝게도 많은 사람들이 이런 종류의 애통을 마치 자기 연민의 표현처럼 생각한다. "오 슬프도다! 누구도 나를 사랑하지 않는구나. 내 인생은 왜 이리도 힘든가. 누구도 내 말에 귀를 기울이지 않는구나. 슬프도다!" 성경에서 미가가 내뱉는 탄식은 이러한 자기 연민이 아니라 마음에서 일어날 수 있는 가장 강력하고도 깊은 탄식이다. 예를 들면 아이를 잃은 어머니의 슬픔이나 배우자의 장례를 앞둔 과부나 홀아비의 절망 또는 나라를 빼앗겼을 때 그 백성이 느끼는 아픔 등을 나타내는 표현이 "재앙이로다 나여"이다. 말하자면 가장 끔찍하고 비참하며 황폐한 상황에서 부르짖는 표현이다.

이 탄식에 이어서 미가는 농사와 관련된 이미지를 사용하여 그의 감정을 드러낸다(1절). 곧 포도나무를 심은 농부가 과일을 따기 위해 밭에 갔지만, 이미 열매를 누가 따 갔기 때문에 아무런 열매가 없는 상황을 보여 준다. 맛보고 싶었던 무화과도 보이지 않는다. 왜 그럴까? "권세자가 자기 마음의 욕심을" 따라 행하고 있었기 때문이다(3절). 그렇기 때문에 미가는 자신의 필요를 채워 줄 열매가 하나도 남지 않았음을 알게 된다. 이는 곧 "경건한 자가 세상에서 끊어졌고 정직한 자가 사람들 가운데" 더 이상 남지 않은 상황을 의미한다(2절). 따라서 이 애통은 실존적인 위기 상황, 즉 마음에 의지할 데를 찾기 어려운 공허함을 표현한다고 볼 수 있다. 주변에 일어나는 일들에 대해 딱히 설명할 수 없는 상태에 이른 것이다. 자신의 경험을 달리 표현할 방법이 없을 때 나오는 탄식, 미가의 애통은 바로 그런 탄식이었다.

성경은 이러한 애통을 부끄러운 모습으로 다루지 않는다. 시편 150편 중에 60여 편은 시인이 애통하며 지은 시로 구분된다. 약 40퍼센트에 해당하는 셈이다. 선지자들도 자주 애통했다. 예레미야를 생각해 보라. 그의 별명은 '눈물의 선지자'였다. 심지어 '예레미야애가'라고 불리는 구약성경은 그 선지자의 애통을 표현하기 위해 기록되었다. 그렇다면 성경은 왜 애통을 있는 그대로 표현하는 것일까? 그 이유는 성경이 인간의 경험을 사실대로 반영하는 책이기 때문이다. 성경은 인생의 경험을 피상적으로 다루는 책이 아니다. 그래서 고통이란 그리 심각한 문제가 아니며 일시적인 현상일 뿐이라고 치부하지 않는다. 마찬가지로 우리도 삶의 피상성과 겉치레에 속지 않으려면, 마음속에 있는 고뇌를 솔직하고도 의미심장하게 표현하는 법을 익혀야 한다. 성경은 현실을 다룬다. 기독교는 세상이 겪고 있는 고통의 문제를 가볍게 여기지 않는다. 오히려 그 상처에 더 가까이 다가가도록 우리 모두를 이끈다. 우리가 가진 아픔과 고통을 깊이 인식한 내용을 다루고 있기 때문이다.

현대 기독교는 애통이 신앙생활에 얼마나 중요한 역할을 하는지를 이해하는 일에 어려움을 겪고 있다. 에마뉘엘 카통골레(Emmanuel Katongole)와 크리스 라이스(Chris Rice)는 이렇게 설명했다.

이토록 깊이 망가진 세상에서 교회가 최우선적으로 해야 할 일은 회의가 아니라 기도다.[1]

또한 마틴 루터 킹(Martin Luther King Jr.)은 죽음의 위협 앞

에서 다음과 같은 기도문을 작성했다.

> 주님, 저는 그릇된 일에 항거하기 위해 여기에 있습니다. 그런데 고백하지 않을 수 없습니다. 저는 지금 너무도 약합니다. 이렇게 비틀거리고 있습니다. 용기를 잃고 있습니다. 두렵습니다. 이제는 힘이 없습니다. 아무것도 남지 않았습니다. 더 이상 저 혼자 이 상황을 감당할 수 없습니다.[2]

성경적인 관점에서 이런 내용이 건강하게 살아 있는 심령은 어떤 모습인지를 보여 준다. 즉, 애통할 수밖에 없는 마음 상태라고 할 수 있다. 이는 아프리카계 미국인의 역사, 즉 흑인 노예로 살아오면서 인생이 찢겨 나가는 고통으로 아파했던 인생을 통해서만 들을 수 있는 애통이다. 진정한 애통이라고 할 수 있다.

> 제 자신이 때로는 집으로 돌아갈 수 없는 먼 길에서 엄마를 잃은 아이와 같다고 느낍니다. 더는 걸어갈 수 없을 만큼 집에서 멀리 나왔다고 느낍니다.[3]

미국의 흑인 영가를 들으면 애통과 소망이 함께 표현되는 고백을 접할 수 있다. 이는 매우 성경적인 스타일의 고백으로서 거기에는 우리가 배울 점이 있다. 마찬가지로 시편을 읽어 봐도, 찬송의 시와 애통의 시가 어우러지는 내용을 곧잘 접할 수 있다. 그렇게 찬송과 애통이 서로 어우러지는 이유는, 우리의 인생이 노래와 슬픔을 동반하기 때문이다.

> 애통은 단순한 절망이 아니라, 하나님을 향한 울부짖음이다. … 이는 세상의 깊은 분열과 상처를 본 자, 또 평화에 뒤따르는 희생이 무엇인지를 아는 자만이 드러낼 수 있는 통곡이다.[4]

현대 사회를 살아가는 우리는 인생의 속도를 늦추어 나와 타인을 위해 고민하며 마음을 열고 애통해야 할 필요가 있다. 이런 차원에서 당신은 어떠한가? 과연 당신은 누군가가 애통하는 소리에 귀를 기울일 수 있도록 인생의 걸음을 늦추며 삶의 여지를 만들어 가고 있는가? 아니면 너무 정신없이 살아서 그런 소리를 들을 수 없을 뿐 아니라 주변과 심지어는 내면에서 일어나는 문제에도 관심을 기울이지 못하고 있는가?

:: 애통의 정당한 이유

무엇이 미가로 하여금 그처럼 애통하게 만들었는지를 살펴보기에 앞서, 과연 우리를 애통하게 만들 만한 일은 무엇일지를 생각해 보고자 한다. 우리는 어떤 일이 생기면 "재앙이로다 나여"라고 외치며 애통하겠는가? 도대체 어떤 일이 우리에게는 그처럼 애통할 만한 일이 되겠는가? 다시 말해, 우리 인생에서 무엇을 잃어버린다는 것은 상상할 수도 없다고 여길 만한 대상이 있는가? 그래서 만일 잃어버린다면 인생에 아무런 의미도 없다고 느낄 만한 그런 대상이 있는가?

이러한 질문은 우리가 애통하는 이유가 정당한지를 한 번쯤 생각하게 만든다. 예를 들어 사랑하는 이의 죽음이나 가족의 분열 또는 재정의 파산이나 건강의 쇠약 등으로 인해 우리는 마땅히 슬퍼할 수 있다. 그러나 어떤 경우에는 우리의 인생을 꽉 붙들고 있는 우상 때문에 애통할 수도 있다. 혹 이런 고민을 한다면 말이다. '내가 계획한대로 은퇴하지 못하면 인생이 몰락하지 않을까? 혹시 투자한 회사의 주가가 급락하면 어쩌지? 만일 실직하게 된다면? 과연 내가 꿈꿔온 결혼이나 할 수 있을까? 또 학력이나 이력을 통해 존경과 사랑을 얻지 못하면 내 인생에는 어떤 의미가 남게 되지?'

그렇다면 미가는 도대체 무엇 때문에 애통했을까? 그가 애통한 이유는 크게 세 가지로 나누어 생각해 볼 수 있다. 그리고 그 세 가지 이유는 모두 타인의 유익과 하나님의 영광이라는 공통된 목표를 가지고 있다.

우선 미가가 애통한 첫 번째 이유는 의인이 사라졌기 때문이었다. "경건한 자가 세상에서 끊어졌고 정직한 자가 사람들 가운데 없도다 무리가 다 피를 흘리려고 매복하며 각기 그물로 형제를 잡으려 하고"(2절).

213

그는 "마음에 사모하는 처음 익은 무화과"(1절)를 찾듯 경건한 자를 찾으려 애썼으나 발견하지 못했다. 좋은 열매, 말하자면 의(righteousness)를 그 어디서도 맛볼 수 없었던 것이다. 오히려 열매가 아니라 '가시'와 '찔레'만 볼 수 있었을 뿐이다. "그들의 가장 선한 자라도 가시 같고 가장 정직한 자라도 찔레 울타리보다 더하도다"(4절).

상대적으로 가장 선하다고 여겨진 사람조차 가시 담장 같다는 말이다. 타인에게 열매는커녕 고통만 전해 주는 인생을 묘사한다.

하나님의 뜻을 따라 살아가는 사람이 많을수록 사회는번성한다. 이는 꼭 크리스천이 되어야만 알 수 있는 진리가 아니다. 누구나 타인을 사랑하는 사람이 타인을 미워하는 사람보다 더 나은 인생을 산다는 사실을 안다. 따라서 사회는 기꺼이 타인을 위해 자신을 희생하는 사람들, 바꿔 말해 자신의 이득을 위해 타인을 이용하지 않는 사람들이 많을 때 번성하게 된다. 즉 공동의 유익을 위해 자신이 가진 자원을 기꺼이 내어 주는 사람들이 많을 때 모두가 성장하는 법이다.

여기서 미가는 각 사람이 그물로 서로를 잡으려고 사냥하는 매우 이상한 장면을 묘사한다(2절). 이는 당시 사회에 식인 풍습이 있었다는 말이 아니다. 그보다는 한 사람이 다른 사람을 약탈하고 이용해 먹는 일들이 자행되고 있음을 의미한다. 개인의 이득을 위해 타인을 짓밟는 일들이 벌어지고 있었던 것이다. 그렇게 힘있는 사람은 다른 이들의 희생을 통해 자신이 원하는 것을 쟁취했는데, 이때 희생된 이들은 그들에게 필요한 것을 겨우 추구하던 사람들이었다. 이런 상황이 미가가 애통하게 된 이유다. 이는 하나님을 아는 지식이 그 백성에게 결여되어 있었기 때문에 발생한 문제였다. 하나님이 어떤 분이신지를 모르는 백성의 무지가 사회의 공동체성이 붕괴되는 모습에서 분명히 드러난 것이다.

미가가 애통한 두 번째 이유는 지도자들이 타락하여 공동체의 평화와 질서가 훼손되었기 때문이다. "두 손으로 악을 부지런히 행하는도다 그 지도자와 재판관은 뇌물을 구하며 권세자는 자기 마음의 욕심을 말하며 그들이 서로 결합하니"(3절).

여기에 세 가지 유형의 리더십이 언급되는데, 그 모든 직분에는 하나님이 맡기신 백성을 책임지고 돌볼 수 있는 권한이 위임되어 있었다. 그 한 가지 직분은 지도자이고, 또 한 가지는 재판관이며, 나머지 한 가지는 권세자이다. 이러한 직분을 맡은 자들은 모두 공동체의 평화를 확립해야 할 책임이 있었다. 곧 그들에게 사회 전반에 샬롬을 이루기 위해 앞장서야 할 책임이 있었다. 그러나 그들은 오히려 정의를 가로막는 장애물과 같았다. 그리고 서로 연대하여 부지런히 악을 행했다. 그래서 기껏해야 가시나 찔레밖에 찾아볼 수 없는 사회를 만들고 말았다(4절).

우리에게도 사회 속에서 애통해야 할 책임이 있다. 곧 타락한 지도자들을 보거나 그들이 공의를 저버리는 모습을 볼 때 슬퍼해야 한다. 더 나아가 그들이 가난한 자들에게 관심을 갖지 않을 때도 슬퍼해야 한다. 이러한 경우가 오늘날도 애통의 이유가 되어야 할 것이다.

미가가 애통한 세 번째 이유는 사회의 기본 조직이 와해되고 있었기 때문이다. "너희는 이웃을 믿지 말며 친구를 의지하지 말며 네 품에 누운 여인에게라도 네 입의 문을 지킬지어다 아들이 아버지를 멸시하며 딸이 어머니를 대적하며 며느리가 시어머니를 대적하리니 사람의 원수가 곧 자기의 집안 사람이리로다"(5-6절).

이는 총체적인 사회의 분열을 보여 준다. 이웃을 신뢰할 수 없고, 친구도 의지할 상대가 못 된다. 가족도 나을 게 없다. 배우자는 감정적으로 서로 갈라서 있고, 아들은 아버지에게 대항하고, 딸은 어머니에게 대적한다. 그러므로 며느리와 시어머니처럼 법적으로 맺어진 관계도 다를 바가 없다. 이런 상황은 점점 심화되어 결국에는 "사람의 원수가 자기의 집안 사람"이라는 공식이 세워진다. 모든 사람이 자기 자신만을 위해 살아가는 형국이다. 이런 상황이 바로 애통할 수밖에 없는 이유가 된다.

이와 같이 우리에게도 애통이 필요하며 무엇을 애통해야 할 지 살펴보았다. 여기서 우리를 정직하게 돌아보면, 우리의 슬픔은 대개 자신이나 이기적인 꿈이나 욕망 때문일 때가 많음을 깨닫는다. 기껏해야 가족의 문제 때문에 슬퍼하곤 한다. 그래서 한번 물어볼 필요가 있다. 주변에서 경건한 사람을 찾아보기 힘들어 마지막으로 슬퍼했던 적이 언제인가? 또는 지도자들의 타락이나 사회의 조직이 흔들리고 와해되는 모습을 보며 애통한 적이 있는가?

우리는 이러한 문제들에 대해 거의 무관심할 때가 많다. 하지만 결코 그래서는 안 된다. 하나님은 평강의 질서를 따라 세상을 창조하셨다. 따라서 현재의 세상에서 본래의 모습을 찾아보기 힘들면, 이는 슬픔의 이유가 되어야 마땅하다. 만일 우리가 이 세상의 문제를 보고도 슬퍼하지 않는다면, 창조자가 다시 오실 때 이루어질 회복의 모습을 바라보면서도 왜 기뻐해야 하는지 그 이유를 알지 못할 것이다.

:: 애통하며 품는 소망

여전히 우리 주변에는 경건한 자가 상실되고 타락한 지도자가 활동하며 사회의 기본 조직이 와해되는 현실이 계속 펼쳐지고 있다. 따라서 이에 어떻게 반응해야 할지 매순간 고민하지 않을 수가 없다. 우리 중 어떤 이들은 디지털 시대를 살아가며 접하는 엄청난 양의 정보로 인해 순간순간 어떻게 반응해야 할지 정신을 못 차리기도 한다. 실제로 온갖 종류의 소식과 알림이 쉴 새 없이 전달되며, 세계 곳곳에서 일어나는 사건들이 실시간 뉴스를 통해 보도되는 세상 속에 우리는 살아가고 있다.

따라서 어떤 이들은 자신의 마음을 지키기 위해 그런 일들에 일일이 반응하지 않고 점점 무관심한 태도를 취하기도 한다. 그러면서 소셜 미디어를 통해 친구들이 어떻게 말하고 활동하는지만 체크하며, 주변에서 일어나는 일들이 어떠하든 자기 만족감 내지 평온함 속에 살아가기를 원한다. 그렇게 하지 않으면 심각한 절망을 느낄 수도 있기 때문에 아예 깊은 관심을 갖고 반응하지 않으려고 하는 것이다.

그렇다면 미가는 당시 현실에 대해 어떤 마음을 가졌을까? 그는 애통하는 중에도 소망을 잃지 않았다. "오직 나는 여호와를 우러러보며 나를 구원하시는 하나님을 바라보나니 나의 하나님이 나에게 귀를 기울이시리로다"(7절). 여기서 그는 크게 세 가지 행동을 보여 준다. 즉 바라보고, 기다리며, 신뢰하는 행동이다.

이 모습을 좀 더 잘 이해할 수 있게 도와주는 본문이 있다. 바로 누가복음 7장 1-10절이다. 여기서 우리는 백부장에 관한 이야기를 듣게 된다. 그는 오늘날로 치면 소령이나 대령에 해당할 만큼 로마 군대에서 지위가 높았던 사람이다. 따라서 그 아래에는 수많은 병사가 있었는데, 그중 유독 아끼는 어떤 종이 병들어 죽게 되었다(눅 7:2). 이에 백부장은 자신을 대표하는 사람들을 예수님께 보내어 도움을 요청하게 된다. 이 사람들은 "유대인의 장로 몇 사람"(눅 7:3)이었다. 당시의 일반적인 상황에서는 로마인과 유대인이 서로 가깝게 지내기 힘들었다. 왜냐하면 유대인의 입장에서 로마인은 이방인일 뿐 아니라 자기 나라를 정복하고 압제하는 제국의 시민이었기 때문이다. 그렇기에 백부장이 자신을 대신하여 유대인의 장로들을 예수님께 보내는 장면은 그가 유대인 지도층에게 상당한 존경을 받고 있었다는 사실을 말해 준다. 아마도 이 백부장은 유대인 장로들과 깊이 교제하면서 그들이 어려움에 처했을 때는 돌봐 주었을지도 모른다. 그 결과 그들도 백부장의 부탁을 받고 예수님을 기꺼이 찾아가게 된 것이다. 성경은 그들이 예수님을 찾아가 간절히 도움을 요청하며 백부장에 대해 이렇게 말하는 내용을 들려준다. "이 일을 하시는 것이 이 사람에게는 합당하니이다 그가 우리 민족을 사랑하고 또한 우리를 위하여 회당을 지었나이다"(눅 7:4-5).

유대인 장로들은 도덕주의적(moralistic) 관점에 따라 백부장이 어떠한 사람인지를 예수님께 호소하고 있음을 볼 수 있다. 즉, 백부장이 자신들을 위해 행한 일을 생각해 볼 때 예수님의 도움을 받을 만한 자격이 있다고 호소하는 것이다. 이에 대해 예수님이 어떻게 반응하셨는지는 알 수 없다. 그저 예수님이 그 장로들과 함께 백부장의 집을 향해 가셨다는 내용이 이어질 뿐이다. 그렇게 하여 예수님과 장로들이 백부장의 집에 거의 다 이르렀을 때, 백부장이 다른 사람들을 보내어 예수님께 자신의 생각을 전하는 장면이 나온다. 이런 내용이었다. "주여 수고하시지 마옵소서 내 집에 들어오심을 나는 감당하지 못하겠나이다 그러므로 내가 주께 나아가기도 감당하지 못할 줄을 알았나이다"(눅 7:6-7).

백부장은 감히 자신이 예수님의 도움을 받을 수 있다고 생각하지 않았다. 유대인의 장로들은 그가 마땅히 도움을 받아야 하는 사람이라고 말했지만, 정작 그 자신은 "아닙니다. 저는 그럴 만한 자격이 없습니다. 이 집에 들어오시는 일을 저는 감당하지 못하겠습니다"라고 말했다.

백부장은 예수님 앞에서 자신이 얼마나 비천한 존재인지를 알았다. 그래서 예수님께 이렇게 부탁을 드렸던 것이다. "말씀만 하사 내 하인을 낫게 하소서 나도 남의 수하에 든 사람이요 내 아래에도 병사가 있으니 이더러 가라 하면 가고 저더러 오라 하면 오고 내 종더러 이것을 하라 하면 하나이다"(7-8절).

이에 예수님은 놀랍게 여기며 백부장의 종을 치유하신 후에 그 자리에 있던 사람들에게 이렇게 말씀하셨다. "이스라엘 중에서도 이만한 믿음은 만나보지 못하였노라"(눅 7:9).

도대체 백부장은 어떻게 그런 믿음을 갖게 되었을까? 그는 어떻게 예수님을 바라보고, 기다리며, 신뢰하였기에, 예수님이 그토록 놀라워하시며 이만한 믿음을 가진 사람을 이스라엘 중에서도 만나보지 못했다고 말씀하셨을까? 백부장이 예수님께 드린 고백은 이와 같았다. "저는 다른 사람들을 부릴 수 있는 권위를 가졌지만, 당신 앞에서 한낱 종일 뿐입니다. 그러니 제가 종들에게 할 일을 명하듯이 당신께서 제게 무엇이든 명하시면, 그 권위에 복종하겠습니다."

백부장의 모습이 어떠한지 보이는가? 그는 예수님을 바라보고, 기다리며, 신뢰했을 뿐이다. 자신이 예수님의 도움을 받을 만하다고 생각하며 행동하지 않았다. 오히려 예수님이 자신의 상황을 알고 도와주시리라고 믿으며 겸손히 그분을 신뢰했다. 그럴 수 있었던 이유는 예수님이 자신의 종을 치유하심으로써 현재 자신이 애통하는 문제의 원인을 해결해 주실 수 있다고 믿었기 때문이다. 그래서 그는 예수님의 권위 아래 자신을 복종시키며 이와 같은 태도를 보일 수 있었던 것이다. "저는 어떤 도움도 받을 자격이 없지만, 이 상황을 역전시키실 당신을 바라봅니다. 저는 당신이 누구이신지 알기에 여기서 기다리며 신뢰합니다."

:: 바라보고, 기다리며, 신뢰하다

이처럼 백부장은 이스라엘 어디서도 찾아보기 힘든 믿음을 가진 사람이었다. 그런데 그와 같이 하나님을 바라보고, 기다리며, 신뢰했던 또 다른 예가 있다. 이는 심지어 그의 경우보다 더욱 놀라운 예라고 할 수 있다. 바로 누가복음 19장 41-

42절에 등장하는 예로서, 다름 아닌 예수님이 예루살렘을 보시며 우시는 장면이다. "가까이 오사 성을 보시고 우시며 이르시되 너도 오늘 평화에 관한 일을 알았더라면 좋을 뻔하였거니와 지금 네 눈에 숨겨졌도다"(눅 19:41-42).

여기서 예수님은 애통의 눈물을 흘리신다. 미가만 예루살렘을 보고 울었던 게 아니다. 히브리서 5장 7절은 이렇게 설명한다. "그는 육체에 계실 때에 자기를 죽음에서 능히 구원하실 이에게 심한 통곡과 눈물로 간구와 소원을 올렸고 그의 경건하심으로 말미암아 들으심을 얻었느니라." 이처럼 예수님도 하나님을 바라보고, 기다리며, 신뢰하셨다.

이 장면은 결국 십자가를 떠올리게 만든다. 거기서 우리는 하나님을 바라보고, 기다리며, 신뢰하는 모습이 어떠한지 그 절정을 보게 된다. 십자가에서 예수님은 이렇게 큰 소리로 애통하셨다. "나의 하나님, 나의 하나님 어찌하여 나를 버리셨나이까"(막 15:34; 시 22:1).

이는 육체적 고통으로 인한 탄식이 아니었다. 여기서 예수님이 애통하신 이유는 하나님과 격리되었기 때문이다. 즉 아버지의 임재가 사라졌기 때문에 애통하며 부르짖으셨다.

그렇다면 하나님은 그때 어디에 계셨을까? 하나님이 아버지로서 지니신 사랑은 그 순간 사라졌던 걸까? 그 탄식을 듣고 자기 아들을 구원하실 순 없었을까? 그 곁에 함께 계실 순 없었을까? 과연 예수님이 아버지를 바라보고 기다리며 신뢰하신 일은 어리석은 일이었을까?

여기서 하나님의 침묵은 그분의 무능력을 보여 주지 않는다. 하나님은 울부짖는 아들을 위해 여느 아버지가 했을 법한 일을 얼마든지 하실 수 있었을 것이다. 그러나 그렇게 하지 않으셨다. 아버지와 아들은 바로 그 죽음이 이루어져야 한다는 사실을 아셨다. 그래서 자신의 죄를 알지 못하여 그러한 죽음이 왜 필요한지조차 모르는 우리를 위해 예수님이 죄의 형벌을 담당하신 것이다. 그 결과 아버지와 아들은 우리가 영원토록 직면해야 했던 단절을 십자가에서 경험하신다. 그 단절로 인해 역사상 가장 가슴 저미는 외침이 울려 퍼진다.

우리는 이 단절이 얼마나 고통스러운 일인지 생각해야 한다. 우리 모두는 누군가와 떨어지는 이별을 앞두고 있을 때 혹은 직접 경험할 때 느끼는 마음의 고통이 어떠한지 알고 있다. 특별히 관계가 깊고 상대와 함께했던 시간이 길 때 그 고통은 가중된다. 깊이 결속되어 오랫동안 함께했던 관계일수록, 이별의 고통은 큰 법이다. 성경은 성부 하나님과 성자 하나님이 완벽한 연합 가운데 서로를 영원히 기뻐하고 사랑하신다고 가르친다. 그러니 이 연합이 단절될 때 찾아오는 고통이 어떠했겠는가! 그럼에도 그 고통을 감수하면서까지 죄에 대한 형벌을 받으셨다. 죄인을 구원하기 위해서 말이다.

이처럼 십자가는 예수님이 버려지신 장소다. 그만큼 최고의 애통이 일어난 장소이기도 하다. 그러므로 우리가 애통할 때 바라봐야 하는 장소가 바로 십자가다. 우리는 하나님께 도움을 요청하기 위해 부르짖을 때, 십자가를 바라보면 그분이 우리에게 등을 돌리지 않으신다는 사실을 알 수 있다. 왜냐하면 하나님의 거절은 이미 예수님이 우리의 자리에서 경험하셨기 때문이다. 하나님을 찾아 절규하시던 예수님의 기도가 거절됨으로써 하나님을 찾아 부르짖는 우리의 기도는 절대로 거절되지 않는다.

우리는 예수님이 그 우주적인 격변의 사건, 즉 자신이 하나님과 단절되는 '지옥'과 같은 경험을 기꺼이 감당하셨다는 사실을 잊어서는 안 된다. 예수님은 하나님이 주신 진노의 잔을 조금도 남김없이 다 비우셨다. 아마 겟세마네 동산에서는 이러한 질문에 답하셔야 했는지도 모른다. '과연 이러한 자들을 위해 그 끔찍한 진노를 받으려는가? 정말 이들을 위해 십자가의 길을 가려는가?'

이에 예수님은 그러겠다고 답변하셨다(막 14:35-36). 이렇듯 하나님의 진노를 받아 지옥과 같은 단절과 죽음을 겪으면서까지 우리를 포기하지 않으셨다면, 그분이 우리 자신을 포기하실지 모른다고 생각하는 일만큼 어리석은 일은 없다. 이는 마치 그분이 우리를 위해 실수로 죽으신 것처럼 그 행위를 가볍게 여기는 처사다. 예수님이 진노의 잔을 다 받아 마시면서까지 우리를 포기하지 않으셨다면, 그 어떤 일도 그분과의 관계를 끊어 놓을 수 없다.

이처럼 예수님이 우리를 위해 행하신 사건, 바로 이 복음의 진리가 마음을 사로잡을 때 우리는 하나님을 바라보고, 기다리며, 신뢰할 수 있다. 그리고 그 과정에서 진정으로 애통할 수 있다. 우리의 기도를 들어주시리라는 확신 가운데 슬퍼할 수 있다. 그 확신은 "나의 하나님, 나의 하나님 어찌하여 나를 버리셨나이까"라고 부르짖으신 예수님의 기도가 거절되어 우리의 기도는 더 이상 거절될 수 없다는 사실에서 비롯되는 확신이다. 따라서 우리는 십자가를 통해 하나님께 달려가 애통할 수 있는 담력을 얻는다. 우리의 애통 소리를 하나님이 들으신다는 확신이 있기 때문이다. 그러므로 이제는 애통할 때, 하나님이 그 아들의 절규를 듣지 않으시고 우리가 헤아릴 수도 없는 단절을 기꺼이 경험하셨다는 사실을 기억하자. 그 단절은 우리와 함께하시기 위해 선택하신 아픔이었다. 그렇기에 우리는 소망을 가지고 애통할 수 있다. 바로 우리를 외면하지 않으실 하나님을 바라보며 부르짖을 수 있다. 결국 우리의 애통은 상상할 수도 없는 단절의 아픔을 겪고 거절을 당하신 예수님으로 인해 하나님의 마음에 가 닿을 수밖에 없다. 이 사실을 가슴 깊이 새겨야 한다. 그러므로 우리를 애통하게 하는 일들이 많고 그에 따른 고통이 클지라도, 우리는 언제나 다음과 같이 고백할 수 있다. "오직 나는 여호와를 우러러보며 나를 구원하시는 하나님을 바라보나니 나의 하나님이 나에게 귀를 기울이시리로다"(7절).

10

●

주와 같은 신이 어디 있으리이까

7:8-20

다시 우리를 불쌍히 여기셔서 …
우리의 모든 죄를
깊은 바다에 던지시리이다

미가서의 종결부, 곧 마지막 장의 후반부에 이르게 되었다. 우리는 또 다시 하나님의 심판에 관한 메시지를 듣게 된다. 혹 이렇게 생각할지도 모르겠다. '하나님은 거룩하시니까 또 심판한다고 경고하실 수밖에 없겠지. 공의의 하나님이니까. 그런데 이제는 이 주제를 좀 넘어갈 수 없을까?' 하지만 미가는 이 주제를 건너뛰지 않는다. 당연히 우리도 그래서는 안 된다.

우리가 하나님의 심판에 관해 다시 이야기를 해야 하는 이유는 성경이 그 주제를 다루고 있기 때문이다. 또한 우리 자신도 정의를 행사하시는 하나님을 더욱 알아야 하기 때문이다. 우리가 믿는 하나님은 세상의 불의에 대해 마지막까지 무엇인가를 행하시는 하나님이다. 그분은 자기 백성의 질서와 조화를 파괴하는 어떤 시도도 용납하지 않으시기 때문에 세상의 불의한 행위를 다 지켜 보고 계실 뿐 아니라 결국에는 심판하신다. 그분은 평화, 즉 샬롬의 하나님이시기 때문이다.

우리가 가진 문제가 있다면, 바로 그 공의의 하나님이 계셔야 한다는 사실을 인정하면서도 정작 자신에 대해 그분이 정의롭게 행하시기를 원하진 않는다는 것이다. 우리는 하나님이 일반적인 죄에 대해 분노하시기를 원하지, 구체적으로 우리의 죄에 대해 분노하시기를 원하진 않는다. 하나님은 죄를 새롭게 정의하려는 오늘날의 시도를 용납하지 않으시는데, 우리는 그러한 모습도 원하지 않는다. 결국 우리는 우리와 직접적으로 관련이 없는 수준에서 거론되는 공의의 하나님을 원할 뿐이다.

미가는 그처럼 하나님이 정의롭고 거룩하시다는 주제만이 아니라, 마지막 몇 구절을 통해서는 우리가 그토록 듣기 원하는 소망의 비전을 다시 한 번 제시한다. 그러면서 다음과 같은 결론을 내린다. 즉 하나님은 자기 백성에 '대하여'(to), 그리고 그 백성을 '위하여'(for) 정의를 행하신다는 것이다. 다시 말해 하나님은 결코 그 백성의 죄를 간과하지 않으면서도, 동시에 "그 기업에 남은 자"(18절)인 자기 백성을 회복시키신다는 것이다. 불의와 억압과 우상숭배를 행하며 권력을 악용한 당사자이면서 또한 그 희생자이기도 한 자기 백성을 회복시키신다는 것이다. 자신의 공의를 조금도 훼손하지 않는 방법으로 말이다. 이처럼 하나님은 자기 백성을 위하여 심판을 초월한 계획을 펼쳐 보이고자 하신다.

:: 피할 수 없는 심판

앞서 1절로부터 7절에 걸쳐 당시 이스라엘 사회 안에 만연했던 억압과 불의, 그리고 우상숭배와 개인의 이득을 추구하는 행위에 대해 애통한다는 일이 어떤 의미인지 살펴보았다. 미가는 자신이 속한 나라와 그 백성의 상태를 대하며 슬퍼했다. 그리고 이제 8절에 와서는, 하나님 백성의 대적, 즉 주전 8세기에 이스라엘을 압제했던 앗수르에게 다시 초점을 맞추게 된다. 여기서 미가는 이런 식으로 경고한다. "네가 결국 승리를 쟁취했다고 착각하지 말라. 또 하나님이 그 백성을 버리셨다고 생각하거나 우리를 사로잡아 가는 너에게 아무 형벌이 없으리라고 생각하면 큰 오산이다." 실제로 이스라엘 왕국은 주전 722년에 몰락했고, 앗수르 제국에 포로로 사로잡혔다. 거기에 이어 남유다 왕국도 주전 587년에 바벨론에 의해 무너졌다. 그러나 그런 사건들은 하나님 백성에게나 그 대적에게나 이야기의 결말이 될 수 없었다.

미가는 이렇게 경고한다. "나의 대적이여 나로 말미암아 기뻐하지 말지어다 나는 엎드러질지라도 일어날 것이요"(8절). 어떻게 그럴 수 있다는 말인가? "여호와께서 나의 빛이 되"시기 때문이다. 그래서 미가는 넘어짐 후에 일어남이 있으리라고 예언한다. 또한 어두움에 이어 빛이 있으리라고 예언한다. "나의 대적이 이것을 보고 부끄러워하리니 그는 전에 내게 말하기를 네 하나님 여호와가 어디 있느냐 하던 자라 그가 거리의 진흙 같이 밟히리니 그것을 내가 보리로다"(10절).

그 대적은 하나님과 그분의 백성을 조롱했다. "네 하나님 여호와가 어디 있느냐? 네 하나님이 아직도 너와 함께 있느냐? 이 모든 일이 너에게 닥치는 모습을 보니 더 이상 네 하나님이 너와 함께 있지 않는 게 분명하구나." 그러나 미가는 이런 날이 지속되지 않으리라고 말한다. 그러면서 하나님 백성이 아니라 그 대적에게 수치가 임하리라고 경고한다. 그들이 짓밟히게 된다는 것이다. 그리고 하나님이 자기 백성을 변호하시리라고 예언한다.

이런 맥락에서 미가는 이제 심판을 넘어 회복이 어떻게 이루어질지를 다음과 같이 설명한다. "네 성벽을 건축하는 날 곧 그날에는 지경이 넓혀질 것이라 그날에는 앗수르에서 애굽 성읍들에까지, 애굽에서 강까지, 이 바다에서 저 바다까지, 이 산에서 저 산까지의 사람들이 네게로 돌아올 것이나 그 땅은 그 주민의 행위의 열매로 말미암아 황폐하리로다"(11-13절).

미가는 이 회복이 또한 다음과 같은 모습으로 이루어진다고 예언한다(14-17절). 곧 하나님께서 '옛날 같이', 즉 그 백성이 '애굽 땅에서 나오던 날과 같이' 역사하셔서 '여러 나라가'

이스라엘을 보며 두려워하게 된다. 그래서 이전에 이스라엘을 떨게 만들었던 자들이 이제는 "주로 말미암아 두려워"한다. 이 회복의 메시지에서 하나님은 "그날에는 지경이 넓혀질 것이라"고 약속하셨는데(11절), 이는 그 날에 이스라엘 민족에게서만이 아니라 그 대적의 나라들로부터도 하나님 백성이 출현한다는 사실을 의미했다(12절). 성경은 언제나 이러한 긴장을 보여 준다. 말하자면, 압제와 불의와 우상숭배에 대해 정의의 심판이 내려지리라고 경고하면서도 동시에 하나님이 보존하시는 백성인 남은 자가 그 가운데 있다는 약속도 함께 제시한다. 여기서 우리는 죄 많고 자격 없는 이스라엘 민족 중에서만이 아니라, 그들과 똑같이 죄 많고 자격 없는 이방 민족 중에서도 하나님이 부르신 자들이 있으며, 바로 그 모두에게 그분의 복이 임한다는 사실을 주목해야 한다. 이 사실은 창세기 12장 3절에서 아브라함에게 주어진 약속, 즉 "땅의 모든 족속이 너로 말미암아 복을 얻을 것이라"고 하신 약속이 인간의 공로가 아니라 하나님의 은혜에 근거하고 있기 때문에 성립된다. 따라서 하나님이 부르신 자들에게는 패배가 이야기의 결말이 될 수 없다.

이러한 미가서의 메시지는 우리가 어려움을 겪을 때 큰 도움을 준다. 그의 메시지에 의하면, 하나님이 우리를 버리시는 일은 있을 수 없기 때문이다. 그분은 결코 그 백성을 어두움 가운데 버리지 않으신다. 또한 하나님이 무력하여 우리를 돕지 못하시는 일도 있을 수 없다. 다만 우리 인생에 시련과 환난을 허락하시는 이유는 그 시간에도 우리와 함께하시는 자신의 존재를 가르쳐 주려 하시기 때문이다. 그런 방법으로 사랑하시는 자들을 훈련하신다. 그래서 하나님은 시련이 아니라 불신으로부터 우리를 구하신다(히 12:3-11; 벧전 1:5-7). 이것이 바로 하나님 백성에게 임하는 구원이다.

따라서 미가는 정의와 진노에 관한 메시지를 구원과 은혜에 관한 메시지와 함께 제시하며, 그 모든 메시지를 함께 받아들여야 한다고 가르친다. 물론 그렇게 받아들이기란 쉽지 않다. 그러나 이는 성경적일 뿐 아니라 신앙의 필수적인 지침이기도 하다. 스캇 솔즈(Scott Sauls)는 '심판에 관한 자비로운 진리'(The Compassionate Truth about Judgment)라는 아티클에서 말하기를 우리가 천국에 관한 가르침을 받아들이기는 쉬워도 지옥이나 진노 혹은 정의와 심판에 관한 메시지는 그렇지 않다고 했다. 그러면서 심판에 관한 교리야말로 실은 긍휼을 담고 있는 가르침이라고 강조했다. 왜 그럴까? 하나님의 심판이 전혀 없다면, 불의와 폭력과 압제를 당한 희생자들에게는 아무 소망이 없기 때문이다. 만일 전능하신 하나님이 불의와 압제와 권력의 악용에 대해 어떤 심판도 하지 않으신다면, 그 모든 희생자들은 끝까지 다른 사람들의 손에 이용당하며 불의와 착취와 속임으로 고통을 당하기 때문이다.[1]

이처럼 악에 대한 궁극적인 책임을 누구도 물을 수 없다면, 유대인을 학살한 히틀러나 어린 소녀를 잡아 성 매매에 넘기는 사악한 사람들, 그리고 아이를 학대하는 어른들에 대하여 어떤 책임을 물을 수 있겠는가? 과연 피해자들에게는 어떤 말을 할 수 있겠는가? 그 어떤 메시지로도 피해자들에게 도움을 줄 수 없을 것이다.

따라서 다음과 같은 고백은 말이 안 된다. "나는 진노하시는 하나님을 원하지 않아. 그보다는 사랑과 긍휼이 많고 자비로우신 하나님을 원한다구." 만일 하나님이 사랑이 넘친다면, 그분은 악에 대해 진노하셔야 한다. 정말 우리에 대한 사랑이 넘친다면, 인간으로서 지녀야 할 우리의 가치와 존엄성이 훼손되었을 때 그분은 진노하셔야 한다. 혹 당신이 진노하지도 않고 정의롭지도 않은 신(god)을 생각하고 있다면, 다시 말해 심판이 결여된 채 사랑과 긍휼만 내세우는 신을 정말 원한다면, 사실상 그런 신 앞에서 당신은 별로 가치 없는 존재가 될뿐이다. 누군가가 당신에게 나쁜 짓을 해도 그 신은 신경 쓰지 않을 것이기 때문이다. 그런 신은 당신의 인성과 존엄성에 대해 한결같은 관심을 기울이지 못할 뿐 아니라, 당신이 얼마나 소중한 존재인지도 보여 주지 못한다. 왜냐하면 당신을 위해 자신을 희생하지 못하기 때문이다. 성경이 제시하는 하나님만이 심판과 구원을 함께 행하실 수 있는 유일한 분이다. 이를 위해 하나님은 우리가 상상할 수 없는 희생을 감당하셨다.

C. S. 루이스는《말콤에게 보내는 편지》(Letters to Malcolm)라

는 책에서 말콤이라는 친구에게 쓴 편지를 공개한다. 여기서 말콤은 20세기 혹은 21세기 현대인들이 흔히 그러하듯이 하나 님이 분노하신다는 사상을 받아들이기 힘들어하는 사람으로 소개된다. 그래서 그는 하나님의 권능이나 진노 또는 공의나 심판 같은 개념을 마치 전기가 흐르는 전선으로 생각하면 한 결 받아들이기 쉬워진다고 루이스에게 이야기한다. 전기는 분 명 거기에 흐르지만, 인격적으로나 의도적으로 사람에게 피해 를 주는 게 아니라 누군가가 잘못 만지게 될 때만 해를 입히게 된다는 발상이었다. 그러면서 이렇게 루이스에게 말한다. "이 전선이 우리에게 화가 나 있다고 생각할 필요는 없지. 우리 편 에서 그 전선을 잘못 다룰 때, 충격을 받게 될 뿐일세." 이에 루 이스는 다음과 같이 반응한다.

> 친구여, 분노한 주권자의 이미지를 전기가 흐르는 전선
> 의 이미지로 바꿔서 자네가 얻은 게 뭐라고 생각하나?
> 그렇게 되면 우리는 절망 속에 빠지게 되네. 분노한 자
> 는 용서할 수 있어도 전기는 그럴 수 없기 때문이지. …
> 자네는 하나님의 진노를 그저 이성적인 불만(enlightened
> disapproval) 정도로 취급함으로써 결국 그분의 사랑을 단
> 순한 인도주의(humanitarianism)로 바꾸는 걸세. 그 결과 '소
> 멸하는 불'이나 '완벽한 아름다움'은 모두 사라지고, 그
> 저 판단력 있는 교장 선생님이나 양심적인 판사만 우리

곁에 남게 된 거네.[2]

이처럼 우리가 하나님을 단순히 사랑의 하나님으로만 생각한다면, 다시 말해 사랑'과' 공의의 하나님으로 생각하지 않는다면, 우리는 결코 정의가 실현되는 일이 무엇인지를 알 수 없을 뿐 아니라 우리가 가치 있는 존재라는 사실도 알 수 없게 된다. 결국 심판하시는 하나님이 존재하지 않는다면, 우리에게는 남는 것은 우리 앞에 있는 혼돈과 분열밖에 없기 때문이다. 스캇 솔즈는 앞서 소개한 아티클에서 사랑이 진정한 사랑이기 위해서는 반드시 심판이 있어야 한다고 설명했다. 심판이 없다면, 세상에서 노예로 팔려 학대를 당한 사람이나 강간으로 피해를 입은 여성 또는 학대와 따돌림을 당한 아이에겐 소망이 있을 수 없기 때문이다. 즉 우주의 법정에 소환되어 그와 같은 폭행과 억압에 대해 책임을 질 사람이 전혀 없다면, 희생자는 정의가 실현되는 모습을 결코 보지 못하며 가해자도 아무 형벌을 받지 않고 살아가게 되는 것이다. 따라서 불의에 대해 진노하시며 그 분노를 정당하게 표출하시는 하나님이 우리 모두에게 필요하다. 약한 자를 못살게 굴며 악을 도모하는 이들을 단번에 영원히 심판함으로써 그 자녀를 보호하실 하나님이 계셔야 한다. 거룩하고 공의로우셔서 마침내 이 세상의 모든 불의를 제거하실 하나님이 계셔야 한다. 놀랍게도 미가는 우리의 하나님이 바로 그 하나님이라고 가르친다.

하나님이 정의를 행하신다는 사실은 그분의 백성인 이스라엘 민족에게도 큰 영향을 미칠 수밖에 없었다. 왜냐하면 그들 역시 죄인들이었기 때문이다. 그래서 미가 1장 10-16절에서 보았듯이, 하나님은 이스라엘의 대적이 자기 백성을 침공하도록 허락하셨다. 즉 그 대적을 사용하셔서 자기 백성을 치셨다. 미가는 아마도 이스라엘 백성이 앗수르에 사로잡혀 간 해인 주전 722년 이전에 선지서를 기록했던 것으로 보인다. 이런 정황에서 미가는 하나님의 재판이 아직 끝나지 않았다는 사실을 상기시키며 장차 자신이 겪을 일을 이렇게 예언한다. "내가 [이스라엘 백성의 일원으로서] 여호와께 범죄하였으니 그의 진노를 당하려니와"(9절).

하나님은 죄를 간과하지 않는 거룩하신 분이기 때문이다. 성경이 우리에게 보여 주는 가장 의미심장한 긴장이 여기서 발생한다. 어떻게 이처럼 공의로우신 하나님이 또한 다음과 같은 하나님일 수 있느냐 하는 긴장이 발생하는 것이다. "주와 같은 신이 어디 있으리이까 주께서는 죄악과 그 기업에 남은 자의 허물을 사유하시며"(18절).

어떻게 죄악을 심판하시는 하나님이 또한 죄악을 용서하시는 하나님이 될 수 있을까? 이미 살펴봤듯이, 미가의 이름은 '누가 하나님과 같은가?'라는 뜻이다. 물론 누구도 하나님과 같지 않다. 아무도 공의로우면서 자비로우신 하나님과 같을 수 없다. 오직 하나님만 죄는 미워하시고 죄인은 사랑하실 수 있다. 어떻게 그러실 수 있는가? 어떻게 이 세상의 불의에 참여했던 우리를 멸하시지 않고 그 불의만 근절하실 수 있는가? 바로 이 긴장이 구약 전체에, 또 복음서의 모든 이야기 속에 흐르고 있다. 잠시 하나님이 자신의 영광과 성품을 모세에게 어떻게 계시하셨는지를 생각해 보자. "여호와라 여호와라 자비롭고 은혜롭고 노하기를 더디하고 인자와 진실이 많은 하나님이라 인자를 천대까지 베풀며 악과 과실과 죄를 용서하리라 그러나 벌을 면제하지는 아니하고 아버지의 악행을 자손 삼사대까지 보응하리라"(출 34:6-7).

흔히 사람들은 이 본문을 떠올릴 때 뒷부분은 빼고 기억하려는 경향이 있다. 앞부분의 내용과 어떻게 조화시켜야 할지 모르기 때문이다. 또는 그저 과실을 용서하시는 하나님만 믿고 싶어 하기 때문이다. 그러나 여기서 하나님은 단지 용서하시는 하나님만이 아니라 완벽하게 거룩하고 공의로우신 하나님으로 계시된다. 즉, 자비로우실 뿐 아니라 위엄을 지니신 하나님으로 언급된다. 다시 말해, 겸손하셔서 우리와 기꺼이 함께 계실 뿐 아니라 절대적으로 거룩하셔서 아무도 가까이할 수 없는 하나님으로 소개된다. 바로 이 긴장이 성경 전체에 자리하고 있다. 우리는 이 긴장을 묵상해야 한다. 그리고 우리 모두는 범죄자로서 사면되어서는 안 될 죄인이라는 사실을 깨달아야 한다. 사랑의 하나님은 죄를 심판하시는 분이기 때문이다. 그러므로 그 하나님이 혹 우리를 용서하신다면 그런 일 자체가 뜻밖의 일임을 기억해야 한다.

:: 예수님을 향한 갈망

앞서 언급한 긴장은 어떻게 해소될 것인가? 미가는 그 문제에 대해 이렇게 암시한다. "내가 여호와께 범죄하였으니 그의 진노를 당하려니와 마침내 주께서 나를 위하여 논쟁하시고 심판하시며 나를 인도하사 광명에 이르게 하시리니 내가 그의 공의를 보리로다"(9절).

이 구절은 다시금 하나님의 재판이 일어나는 법정을 연상시킨다. 이미 우리는 사람들이 우리를 어떻게 생각하는지, 이를테면 대중의 여론이라는 법정 속에 살아가는 우리의 현실을 생각해 본 적이 있다. 그때 우리는 그리스도와의 관계에서 자신의 정체성을 발견하지 않으면, 스트레스와 불안을 벗어날 수 없다는 이야기를 나누었다. 그런데 여기서 미가는 천상의 법정에 대해 말을 하고 있다. 그러면서 언급하기를, 자신의 유죄를 확인한 재판장이 자신을 '위하여' 논쟁하며 심판을 행하신다고 설명한다. 다시 말해 미가의 범죄에도 불구하고, 재판장은 미가를 상대로(against) 심판하시는 게 아니라 미가를 위하여(for) 심판하신다는 것이다.

우리는 이런 설명이 이제는 예수님을 암시한다는 사실을

알고 있다. 앞서 여러 차례 살펴본 바와 같이, 미가서의 이런 본문은 우리로 하여금 예수님을 갈망하게 만든다. 좀 더 구체적으로는, 십자가를 생각하게 만든다. 왜냐하면 하나님이 바로 거기에서 판결을 내리시고 우리를 위하여 심판을 행하셨기 때문이다. 그 결과 그분의 공의는 실현되었고, 재판은 종결되었으며, 우리는 자유를 얻어 법정을 나올 수 있게 되었다. 하나님이 우리의 자리에서 심판을 받으셨기 때문이다. "곧 이때에 자기의 의로우심을 나타내사 자기도 의로우시며 또한 예수 믿는 자를 의롭다 하려 하심이라"(롬 3:26).

예수 그리스도는 위엄과 공의로 충만하신 분이다. 동시에 한없이 자비로우신 분이다. 바로 그분이 십자가에서 치르신 대속의 죽음과 그 전후의 삶과 부활을 통하여 우리를 의로운 백성이 되게 하셨다.

미가는 하나님이 그 긴장을 어떻게 해결하실지 알지 못했을 것이다. 그러나 그는 하나님을 신뢰했고 그분이 문제를 해결하시리라는 사실을 알았다. 그래서 다음과 같이 재판장의 성품에 호소할 수 있었다. "주와 같은 신이 어디 있으리이까 주께서는 죄악과 그 기업에 남은 자의 허물을 사유하시며 인애를 기뻐하시므로 진노를 오래 품지 아니하시나이다 다시 우리를 불쌍히 여기셔서 우리의 죄악을 발로 밟으시고 우리의 모든 죄를 깊은 바다에 던지시리이다 주께서 옛적에 우리 조상들에게 맹세하신 대로 야곱에게 성실을 베푸시며 아브라함에게 인애를 더하시리이다"(18-20절).

여기서 미가는 하나님이 약속을 지키시며 그 백성의 죄를 용서하시는 분이라고 고백한다. 즉 그분의 견고한 사랑은 사라지지 않으며 그 백성의 죄는 그분 앞에서 제거된다고 이야기한다. 이처럼 미가는 재판장께 호소하며 다음과 같은 믿음을 표현한다. "저는 당신이 우리를 심판하신다는 사실을 압니다. 당신은 공의의 하나님이시기 때문입니다. 그러나 저는 당신이 우리의 죄를 용서하시고 영원히 우리를 사랑하며 기뻐하신다는 사실도 압니다. 그러겠다고 약속하셨기 때문입니다. 그래서 저는 당신의 심판과 약속이 어떻게 함께 성취될지는 모르지만, 그 일이 반드시 이루어지리라고 믿습니다."

우리는 예수님의 죽음을 알고 있기 때문에, 십자가의 관점에서 미가를 읽을 수 있는 특권을 지니고 있다. 예를 들어 위에서 살펴본 8-9절을 십자가의 관점에서 한번 읽어보도록 하겠다. 미가는 이렇게 경고했다. "나의 대적이여 나로 말미암아 기뻐하지 말지어다"(8절).

예수님이 십자가에 달려 돌아가셨을 때, 사탄은 그분의 죽음이 곧 패배를 의미한다고 생각하며 잠시 기뻐했을지 모르지만, 그 죽음은 바로 부활로 연결되었다. 예수님은 우리 죄를 위해 하나님의 진노와 심판을 몸소 받으심으로써 승리를 쟁취하신 것이다. 그래서 미가는 다음과 같이 언급한다. "내가 여호와께 범죄하였으니 그의 진노를 당하려니와 마침내 주께서 나를 위하여 논쟁하시고 심판하시며"(9절).

우리는 하나님의 아들이 인간이 되셔서 이 땅에서 살고 십자가에 달려 죽으신 후 부활 승천하심으로써 지금도 우리를 위해 변호하신다는 사실을 안다. 그분이 우리를 위해 변호하실 수 있는 이유는 우리가 받아야 했던 진노를 자신이 대신 받으셨기 때문이다. 이 일을 위해 예수님은 지옥과 같은 십자가 고통을 감당하셨고, 낯선 땅에 끌려가는 유배처럼 캄캄한 흑암을 십자가에서 경험하셨다. 그 결과로 우리는 우리 자신이 하나님의 진노를 받아야 함에도 불구하고 그분의 용서를 받게 되었다는 사실을 알게 되었다. 이로써 그분은 우리를 상대로 논쟁하시는 게 아니라 우리를 위하여 논쟁하신다.

이 문맥에 관해 설교했던 내용을 실은 존 파이퍼(John Piper)의 아티클이 있다. 제목은 '나는 쓰러져도, 다시 일어나리라'(When I Fall, I Will Rise)이다.[3] 여기서 그는 '담대한 절망'(bold brokenness)이라는 주제에 관해 이야기한다. 이는 '확신에 찬 회개'(confident contrition) 또는 '강인한 뉘우침'(rugged remorse) 정도로도 표현할 수 있다. 파이퍼는 만일 미가 7장 9절을 그리스도가 십자가에서 행하신 일을 기준으로 삼아 읽는다면, 그래서 어떻게 그 긴장이 그분 안에서 해결되는지를 보게 된다면, 우리가 바로 그 담대한 절망을 품고 살아가게 될 거라고 말한다. 우리는 단지 담대하기만 한 사람들이 아니다. 자신만만한 태도로 자기를 신뢰하며 스스로를 의롭게 여기며 살아가는 사람들이 아니다. 그렇다고 우리는 또한 절망만 안고 살아가는 사람들도 아니다. 곧 마음이 깨져서 소심하게 불안해하기만 하는 사람들이 아니다. 오히려 우리에게는 그 두 가지, 즉 담대함과 절망감이 함께하는 신비로운 긴장이 있다. 다시 말해, 확신과 회한이 우리 마음에 동시에 존재한다.

파이퍼는 우리 모두가 "하나님의 진노 아래에서 절망하고 그분의 은혜 안에서 담대하게 되리라"고 말한다. 안타깝게도 우리는 그 두 가지를 분리하려는 경향이 있다. 우리가 우리의 상태를 어떻게 바라보느냐에 따라 담대함과 절망감을 분리해서 한쪽으로 치우치는 것이다. 만일 우리가 이미 선언된 사실, 즉 우리가 그리스도와 한 몸으로 연합되어 있다는 사실을 확신하지 못한다면, 우리는 우리 자신이 무엇인가를 잘할 때에만 담대함을 갖게 될 것이다. 바꿔 말해 무엇인가를 잘하지 못하면 절망을 느끼게 된다. 이런 경우에는 결코 그리스도인의 삶이 지닌 역설적인 체험, 즉 담대한 절망이나 확신에 찬 회개를 경험할 수 없다. 그 두 가지는 하나가 되든가, 아니면 전혀 다른 상태로 남든가이다. 우리는 그 두 가지 상태를 분리하려 하지만, 성경은 그렇게 할 수 없다고 가르친다. "내가 여호와께 범죄하였으니 그의 진노를 당하려니와 마침내 주께서 나를 위하여 논쟁하시고 심판하시며"(9절).

여기서 "내가 여호와께" 한 일과 "주께서 나를 위하여" 하신 일은 함께 간다. 우리는 그 두 가지를 모두 인정해야 한다.

그럴 때에만 그 안에 서린 긴장이 어떻게 해결되는지를 보게 된다. 그리고 이렇게 고백할 수 있게 된다. "주와 같은 신이 어디 있으리이까 주께서는 죄악과 그 기업에 남은 자의 허물을 사유하시며 인애를 기뻐하시므로 진노를 오래 품지 아니하시나이다"(18절).

:: 온전한 용서와 관계의 회복을 꿈꾸다

앞서 설명한 그 역설의 진리를 우리는 타인과의 관계에도 적용할 수 있다(여기서 우리는 미가서 1-3장에 걸쳐 확인했던 사실을 다시 상기할 필요가 있다. 바로 거짓 신을 예배하는 우상숭배는 타인을 대하는 방식에도 잘못된 영향을 미친다는 사실을 기억할 필요가 있다는 것이다. 이는 참된 하나님을 알고 예배하는 삶은 타인을 대하는 방식에 올바른 영향을 미칠 수밖에 없다는 사실을 의미하기도 한다).

흔히 우리는 별로 건강하지 못한 인간관계를 경험하고는 한다. 먼저 당신이 상대방에게 잘못을 한다. 그 결과 상대방은 상처를 받는다. 시간이 좀 지나며 이 관계를 가볍게 취급할 수 없다고 느낀 당신은 상대방에게 다가가 의무감에서 마지못해 미안하다고 말한다. 그러면 상대방도 어쩔 수 없이 괜찮다고 대답한다. 이에 당신은 아무 일도 없었다는 듯 행동하며 지내기는 하지만, 혹 상대방이 그 일로 적개심을 품고 어떤 식으로든 갚을지 모른다고 생각하면서 불안해한다. 그래서 상대방의 행동을 유심히 관찰하며 당신에게 어떤 해를 끼치지 않을지 살펴본다. 바로 이런 사이클에는 잘못에 대한 깊은 인정과 그에 대한 참된 용서가 일어날 수 없다. 따라서 이런 상태에 빠지면, 관계가 그대로 고착화된다.

이와 같은 사이클에서는 심지어 사과하면서도 자신의 행동에 대해 변명할 수 있다. 예를 들어 아내와 언쟁하며 다툰 남편은 이렇게 자주 사과를 한다. "미안해. 당신이 신경질을 내서 나도 그만 화가 났어." 그러면 아내는 이렇게 반응한다. "괜찮아. 하루 종일 일 때문에 스트레스를 좀 받은 거 같아." 지금 이 대화에서 사실상 남편은 자신이 소리를 지르며 화를 낸 일에 대해 아내를 탓하고 있다. 그의 말은 이런 의미와 같다. "당신이 좀 예민했어. 그렇게 예민하지만 않았어도 이런 상황까지 오지는 않았을 텐데." 이런 식으로 남편은 문제에 대한 책임을 자신이 아닌 아내에게 묻고 있다. 그는 궁극적인 문제가 자신의 내면이 아니라 외부에 있다고 생각하는 것이다. 한편 아내는 자신의 예민한 태도에 대해 남편을 탓하진 않지만, 고생스럽게 일한 그날의 일정이 원인이라고 변명하고 있다. 힘들게 일한 하루가 궁극적인 문제라며 진짜 문제를 비껴가는 것이다. 그래서 아내는 남편의 사과를 제대로 받아들이지 못하며, 그에 대한 진정한 용서도 하지 못한다. 결국에는 관계가 그대로 고착화된다.

우리 자녀들도 이런 사이클을 어려서부터 경험할 수 있

다. 우리는 그들에게 "미안해"라며 사과하는 방법부터 가르친다. 혹은 "이런 상황에서는 어떻게 말해야 하지?"라고 물음으로써 그들로 하여금 "도와주세요", "고맙습니다", "죄송합니다"라는 말을 하도록 유도하기도 한다. 언제든 사용할 수 있는 표현을 가르쳐 주는 셈이다. 그렇게 반복적인 말을 통해 어떤 상황에든 대처할 수 있도록 훈련시킨다. 그런데 아이들이 특별히 잘못했을 때 그 잘못을 모면하기 위해 "미안해"라고 말하는 매너부터 몸에 익히다 보니, 오히려 진정으로 잘못을 깨닫고 뉘우치는 일은 잘 일어나지 않는다. 그 결과 참된 용서가 무엇인지도 잘 경험하지 못한다. 이처럼 피상적인 수준에서 그때마다 해야 할 말을 하는 차원에서는 자신들의 마음에 있는 진짜 문제가 무엇인지를 보지 못한다.

9절에서 보인 미가의 반응은 그와 다르다. 그는 다음과 같은 태도를 보인다. "저는 하나님께 범죄했습니다. 이에 대해 상황을 탓하거나 당신을 원망할 수 없습니다. 제가 잘못했습니다." 인간은 아담의 범죄 후로 늘 누군가를 원망했는데(창 3:12), 미가는 그렇게 하지 않는다. 그의 회개는 이러한 내용을 안고 있는 고백과 같다. "저는 하나님 앞에 죄를 범했습니다. 간절히 당신의 긍휼을 구합니다. 저를 용서해 주세요. 이 진노를 거두시고 관계를 온전히 회복시켜 주세요." 이에 대한 하나님의 답변은 십자가에서 주어진다. "알겠노라. 내가 약속한 대로 너를 용서하노라. 나의 진노와 심판을 내가 감당하였으니 이제 너를 용서하노라."

이 십자가의 진리를 따라갈 때 우리는 인간관계를 정체시키는 그릇된 사이클을 끊을 수 있게 된다. 그리고 마음속에서 일어나는 진정어린 뉘우침으로 서로를 향해 죄를 고백하고, 그 잘못이 불러들인 대가를 인정하며, 상대방을 온전히 용서하며 다시 사랑하는 관계를 회복할 수 있게 된다.

:: 주와 같은 신이 어디 있으리이까

한걸음 더 나아가 마지막으로 물어야 한다. 과연 어떻게 우리는 이 세상의 불의를 미워하며 그에 대해 싸울 수 있을까? 어떻게 도움이 필요한 자들에게 자비로울 수 있을까? 어떻게 우리 자신에게 피해를 준 사람들을 용서할 수 있을까? 어떻게 이 모든 일을 흔들림 없이 끝까지 감당할 수 있을까?

이에 대해서는 한 가지 답변밖에 없다. 우리가 그렇게 할 수 있는 길은 바로 우리의 죄악과 허물을 용서하시면서도 그 거룩함을 조금도 상실하지 않으신 하나님을 믿는 수밖에 없다는 것이다(미 7:18). 다시 말해, 말씀이 육신이 되어 우리 가운데 거하셔서 그 은혜와 진리가 충만한 모습을 보이신 예수 그리스도를 믿는 수밖에 없다(요 1:14). 바로 이 하나님이 스스로 그 진노의 잔을 비우셨기에, 우리는 그분의 자비를 맛볼 수 있게 되었다. 하나님이 미가서뿐 아니라 구약성경 전체를 통해 그토록 강력하고도 분명하게 약속하신 은혜와 진리가 바로 예수 그리스도를 통해 우리에게 알려지게 된 것이다. 곧 이분을 통해 하나님의 거룩하심과 자비하심 사이에 있는 긴장이 완전히 해결되는 역사가 일어났다. 그 양립할 수 없어 보이는 두 성품이 완벽히 조화되었기에, 우리는 이제 하나님을 진정으로 누릴 수 있게 되었다. 판결은 내려졌고, 우리는 자유를 얻어 법정을 나오게 되었다. 재판이 끝난 것이다. 따라서 이제 우리는 거룩하고 자비하신 하나님의 영광을 위해, 그리고 우리의 도움을 필요로 하는 다른 이들의 유익을 위해 살 수 있게 되었다.

누가 이 하나님과 같겠는가? 아무도 이분과 같지 않다. 그렇다면 이분 말고 누구를 위해 살아가겠는가? 누구를 더 사랑하겠는가?

부록 1

생각해 보기 위한 질문들

Part 1

Chapter 1

1. "우상숭배란 … 오직 하나님께만 돌려져야 할 궁극적인 충성을 또 다른 예배의 대상, 또 다른 애정의 대상에게 돌리는 일이다." 우리 중 누구도 이러한 우상숭배로부터 자유로운 사람은 없다. 당신이 숭배하기 쉬운 세 가지 우상이 있다면 무엇인가?

2. 사랑의 하나님이 우리를 향해 진노하신다는 성경의 가르침을 받아들이기 어려워하는 사람에게 당신은 어떻게 하나님의 진노와 사랑이 함께 주어질 수 있다고 설명하겠는가?

3. 왜 우리는 하나님과 우상이 마음속에 공존하기를 바라는가?

4. 당신이 속한 도시나 사회를 지배하는 우상은 무엇인가?

5. 당신은 삶의 어떤 영역에서 우상숭배를 하고 있는가? 그렇다면 그 영역이
   당신의 삶을 망쳐 놓는 자리임을 어떻게 깨닫게 되었는가?

6. 미가와 예수님을 비교할 때 드러난 복음은 당신이 예수님을 더 깊이 생각
   하고 즐겁게 예배하는 데 어떠한 도움을 주는가?

Chapter 2

1. 이 장의 내용이 억압을 바라보는 당신의 관점과 그 억압에 당신이 가담할 수 있다는 사실을 돌아보는 데 어떠한 도움을 주었는가?

2. 빈곤을 개인적인 문제로 생각하는가, 아니면 구조적인 문제로 생각하는가? 그런 생각은 어떤 차원에서 도움이 되고, 또 어떤 측면에서 잘못되었다고 여겨지는가?

3. 미가 2장 7절과 11절에서 보이는 태도는 당신의 사고와 생활 속에서 어떻게 드러날 수 있겠는가?

4. 브라이언 잔드 목사는 "복음의 도전적인 성격을 받아들여야 한다. 무엇보다 나의 기득권을 지키기 위해 그 성격을 길들여서는 안 된다"라고 조언했다. 만일 당신이 그와 같이 복음의 메시지를 길들이려는 노력을 하지 않는다면 성경을 읽을 때 어떤 도전을 받게 되겠는가?

5. 당신은 성경이 묘사하는 양과 같다고 생각하는가? 만일 그렇다면 어떤 점에서 그러한가?

6. "우리는 하나님의 백성이기에 한때 움켜쥐려 했던 것을 내어 주고 과거에 쟁취하려 하던 것을 포기하는 일에 기꺼이 동참해야 함을 기억해야 한다." 이것이 당신의 삶에서 어떻게 반영되고 있는가? 예를 들어 당신의 은행 계좌는 정말 그 사실을 보여 주고 있는가?

Chapter 3

1. 당신의 주변에는 사회적 정의에 깊은 관심을 가지고 있지만 하나님의 관심 역시 거기에 있다는 사실은 알지 못하는 사람이 있는가? 그렇다면 어떻게 그 사람이 기독교를 긍정적으로 생각할 수 있도록 도울 수 있는가?

2. 권력은 "인간 사회의 질서와 번영을 위해 주어진 선물"이지만, 동시에 잘못 사용될 수도 있다. 혹 당신 자신이나 주변에 있는 타인의 삶에서 권력이 악용된 사례가 있다면 그에 대해 말해 보라.

3. 당신이 누리고 있는 특권은 무엇인가? 또 어떤 권력이 그 특권을 당신에게 주었다고 생각하는가? 그렇다면 그 권력을 당신의 이익이 아니라 타인의 유익을 위해 사용할 때 어떤 변화가 나타나겠는가?

4. 타인에 대한 사랑이 어떻게 권력을 사용하는 당신의 자세를 변화시킨다고 생각하는가?

5. 예수님이 권력을 사용하신 방법을 묵상하게 되면, 왜 권력을 함부로 사용하거나 아예 사용하지 않으려는 태도를 피하게 되는가?

6. 이 장의 내용은 어떻게 당신이 속한 교회 리더들을 위해 기도하도록 동기부여를 하는가?

Part 2

Chapter 4

1. 하나님의 약속은 사람의 약속과 어떻게 다른가? 만일 이 차이를 생각하지 않는다면, 당신의 신앙생활에는 어떤 문제가 발생하는가?

2. 미가가 보여 주는 회복의 모습에서 어떤 부분이 가장 흥미로웠는가? 그 이유는 무엇인가?

3. 하나님은 "우리의 모습을 제거하지 않으시고 새롭게 변화시키신다." 이 말이 사실이라면, 하나님은 현재 당신의 인생에서 그 일을 어떻게 행하시는가? 또는 과거에는 그 일을 어떻게 행하셨는가?

4. "시온산과 살아 계신 하나님의 도성인 하늘의 예루살렘"에 이르렀다는 성경의 증언(히 12:22)과 여전히 타락한 세상을 살아가는 현실 사이의 긴장을 어떻게 경험하고 있는가?

5. 이번 장에서 살펴본 내용은 예수 그리스도를 바라보는 당신의 시각에 어떤 영향을 주었는가? 그 시각을 교정하거나 더 넓혀 주었는가?

6. "하나님은 우리에게 완벽한 의가 아니라, 회개하며 도움을 구하는 마음을 보기 원하신다." 혹시 이 메시지를 당신으로부터 들어야 할 사람이 있는가?

Chapter 5

1. 인생에서 겪는 고통에 대한 당신의 반응은 어떠한가? 그런 반응은 결과적으로 도움이 되는가? 그렇지 않은가?

2. 하나님의 백성은 발을 절면서 복을 받은 사람들이라고 할 수 있다. 이 사실이 당신의 인생에도 적용되는가? 그렇다면 그 사실은 어떻게 당신의 관점을 변화시켜 크리스천의 삶을 이해하도록 도와주는가?

3. 해산하는 여인의 비유는 당신에게 고통을 바라보는 시각의 변화를 주었는가?

4. 하나님이 당신을 성장시키며 정결하게 회복시키기 위해 고통의 시간을 사용하신 적이 있는가? 그때 당신은 어떤 마음을 가졌는가?

5. 고통과 아픔은 하나님의 부재가 아니라 임재를 경험할 수 있는 자리이다. 이 진리는 인생에서 어려운 시간을 경험할 때 그 시간을 바라보는 당신의 시선을 어떻게 변화시킬 수 있는가?

6. 주변에 상한 갈대와 같이 인생의 아리아를 홀로 부르고 있는 사람이 있는가? 그렇다면 그 사람이 당신의 경험을 통해 예수님을 바라볼 수 있도록 도와주겠는가?

Chapter 6

1. '하나님이 이에 대해 관심을 가지고 계실까?'라고 질문하게 만드는 문제나 상황이 있는가? 그렇다면 이 장의 내용은 그 질문에 대한 답변을 어떻게 생각할 수 있도록 도움을 주었는가?

2. '하나님이 나에게 오셔서 _____만 해 주신다면 좋겠다'라는 문장을 완성해 보라.

3. 위의 물음에서 빈칸에 들어간 나만의 바람이 있다면 무엇인가? 또 하나님이 나만의 궁극적인 문제를 이미 해결하셨다면, 어떤 종류의 평강을 경험할 수 있는가?

4. 이 장의 내용은 올해 맞이할 크리스마스에 대해 어떤 마음을 품게 하는가?

5. 예수님을 생각할 때, 약하고 천한 모습으로 오셨다는 사실에 주목하는 경향이 있는가? 아니면 강하고 영광스러운 분이라는 사실에 주목하는 경향이 있는가? 그렇다면 그 관점은 죄를 짓거나 어려운 상황을 만나 도움이 필요할 때, 삶에 어떤 영향을 미치겠는가?

6. 예수님이 우리의 평강이 되시기에 우리는 그분 안에서만 안식할 수 있다. 이 사실이 인생에 어떤 변화를 가져다주었는가? 그리고 자신의 목자를 찾기 위해 씨름하는 이들에게 어떻게 그 사실을 전하겠는가?

Chapter 7

1. 오늘날 사람들이 우러러보는 인물을 떠올려 보라. 그 사람의 어떤 특징을 사람들이 높이 평가한다고 생각하는가?

2. 하나님께 도움을 요청하면서, 그분이 당신에게 있는 더 깊은 문제(가령 당신의 우상)에 대해서는 그대로 두시기를 바라고 있지는 않은가?

3. 하나님이 당신의 계산보다 더 많이 당신을 요구하시고, 또 당신의 기대보다 더 많이 은혜를 베푸신 일을 경험한 적이 있는가?

4. 누군가를 의존할까 봐 두려워한 적이 있는가? 그렇다면 그런 두려움은 하나님과의 관계에 어떤 영향을 미쳤는가?

5. 스스로를 의지하기 위해 세운 당신만의 전략이나 우상이 있는가? 그렇다면 이제는 하나님이 그 모든 것을 진정으로 끊어 내시기를 원하는가?

6. 예수님이 당신 인생에서 다른 무엇과도 견줄 수 없는 구원자가 되시는가? 그렇다면 그 사실은 어떻게 그분만을 위해 살도록 당신을 도와주는가?

Part 3

Chapter 8

1. 하나님은 "자신이 요구하신 내용 중에 어느 한 측면만 준수하고 나머지는 무시하는 행위를 기뻐하지 않으신다"고 했다. 그렇다면 왜 우리의 삶에는 하나님이 요구하신 내용 중에 한 측면만 준수하면서 그 사실을 깨닫지 못하는 문제가 발생하겠는가?

2. 정의에 대한 생각이 어떻게 변화했는가?

3. 십자가에서 나타난 하나님의 인자(헤세드)를 어떻게 묵상하면, 정의를 행하고 인자를 사랑하는 삶을 더욱 잘 실천할 수 있게 되겠는가?

4. 우리는 인생에서 경험하는 모든 일에 대하여 손익 계산을 한다. 이 사실이 당신에게 어떻게 적용되는가?

5. 가난하고 겸손할 때 가득 채워지는 경험을 한 적이 있는가?

6. 하나님으로부터 좋은 평가를 얻기 위해 무엇인가를 해야 한다고 느끼고 있는가? 아니면 하나님 외에 다른 누군가로부터 좋은 평가를 듣고 싶어 하는가? 그렇다면 로마서 8장 1절은 그러한 생각을 어떻게 변화시키는가?

Chapter 9

1. '애통'을 어떻게 정의하겠는가?

2. 당신 자신과 타인의 애통하는 소리에 귀를 기울일 수 있도록 인생의 걸음
   을 늦추며 삶의 여지를 만들어 가고 있는가?

3. 만일 세상의 회복을 약속하시는 하나님의 계획이 당신에게 충분한 기쁨
   이 되지 않는다면, 그 이유는 무엇인가? 혹 세상이 타락하고 경건한 사람
   이 부족한 현실에 대해 슬퍼하지 않는다면, 바로 거기에 이유가 있다고 생
   각하지는 않는가?

4. 앞으로 애통할 때 어떻게 하나님을 바라보겠는가?

5. 또한 애통하면서 어떻게 하나님을 기다리겠는가?

6. 그리고 애통할 때 어떻게 하나님을 신뢰하겠는가?

Chapter 10

1. 하나님의 심판이 긍휼을 나타내는 수단이 될 수 있다는 사실에 대해 어떻게 생각하는가?

2. 창세기 12장 3절에서 아브라함에게 주신 약속이 인간의 공로가 아닌 하나님의 은혜에 근거하고 있다는 사실이 좋은 소식으로 여겨지는가? 만일 그렇다면 그 이유는 무엇인가? 또한 무엇이 당신으로 하여금 그 좋은 소식을 잊어버리게 만드는가?

3. 하나님이 당신을 용서하시는 일이 왜 뜻밖이라고 생각하는가?

4. 절망감을 인정하기 힘들어하는가? 아니면 담대함을 가지고 살기 어려워하는가? 만일 '담대한 절망'을 안고 살아갈 수 있다는 사실을 안다면, 인생에 어떤 변화가 생기겠는가?

5. 혹시 하나님이 나를 대하는 방식을 알지 못해 타인과 그릇된 관계에 빠진 적이 있는가? 만일 그 경우에 하나님 앞에서 죄를 솔직히 뉘우치고 그분의 용서를 깊이 체험했다면, 관계에 어떤 변화가 일어났겠는가?

6. 미가서의 전체 메시지는 하나님을 바라보는 당신의 관점에 어떤 영향을 주었는가? 또한 앞으로 인자와 정의를 추구할 때 어떤 도움을 주겠는가?

용어해설

총체적인(holistic): 어떤 일의 부분이 아니라 전체와 관련되어 있다는 의미이다.

Chapter 01

실존적인(existential): 인생이 사실상 무의미하다는 충격적인 깨달음, 즉 '실존적 위기'(existential crisis)와 함께 일어나는 사고방식을 의미한다.

유다(Judah): 이 문맥에서는 수도 예루살렘을 중심으로 해서 하나님 백성이 모여 살았던 이스라엘의 남왕국을 가리킨다(이스라엘은 솔로몬의 아들 르호보암 왕이 통치하던 주전 930년경에 남북의 두 왕국으로 분리되었다).

솔로몬(Solomon): 다윗의 아들로서 이스라엘 역사의 제3대 왕이다.

이스라엘(Israel): 이 문맥에서는 수도 사마리아를 중심으로 해서 하나님 백성이 모여 살았던 이스라엘의 북왕국을 가리킨다.

이교도(pagan): 하나님을 알지 못하고 이방신을 섬기는 사람을 일컫는다.

메타포(metaphor): 어떤 대상이나 사건을 설명하기 위해 사용되는 이미지로서 문자적인 의미를 전달하진 않는다. (예) "그 소식은 그의 가슴에 꽂힌 비수가 되었다."

은혜(grace): 자격이 없는 자에게 주어지는 호의를 의미한다. 성경에서 '은혜'라는 표현은 하나님이 자신의 백성을 어떻게 다루시는지를 묘사하기 위해 사용된다. 예를 들면 하나님은 충만한 은혜를 지니셨기 때문에 믿는 자들에게 영생을 주시고(엡 2:4-8) 또한 그들에게 은사를 주어 교회를 섬기게 하신다(엡 4:7, 11-13).

칭의(justification): 누군가에 대해 무죄하여 정죄할 수 없을 뿐 아니라 완전히 결백하다고 선언하는 행위를 의미한다.

사울(Saul): 이스라엘 역사의 제1대 왕이다(삼상 8-10장 참고).

소환장(subpoena): 법원이 특정인에 대해 재판 시에 출두하라는 명령을 기재한 영장으로서 이에 응하지 않을 경우 처벌을 받게 된다.

허물(transgression): 근본적으로 법을 위반한 상태를 표현한다.

여호와(Yahweh): 하나님이 모세에게 자신을 나타내실 때 알려 주신 이름이다(출 3:13-14). 이는 문자적으로 '나는 나다'(I am who I am) 또는 '나는 스스로 있는 자다'(I will be who I will be)라는 의미를 가진다.

Chapter 02

고질적인(endemic): 어떤 대상이나 지역에서 두드러지게 나타나는 문제를 가리키는 표현이다.

시장(the market): 이 문맥에서는 국내외에서 상품을 사고 파는 행위를 총괄적으로 일컫는 개념으로 사용되었다.

보이지 않는 손(invisible hand): 자유 시장에서 어떤 상품에 대한 수요와 공급을 대등하게 맞추어 가격 흐름을 형성하는 힘이 보이지 않게 작용한다는 개념이다.

콘스탄티누스(Constantine): 주후 306년부터 337년까지 재위한 로마 제국의 황제이다. 312년 로마의 서방 지역을 정복하기 전날 밤 고백했던 기독교 신앙이 그로 하여금 전투에서의 승리를 가져다주었다고 전해진다. 그의 통치하에 기독교는 역사상 처음으로 제국의 보호를 받는 종교가 되었다.

기독교 세계(Christendom): 기독교가 국가 종교이거나 문화를 장악하여 대다수의 시민이 그 신앙을 따르는 지역을 가리킨다.

짐 크로 법(Jim Crow laws): 19세기 말 미국의 남부 지방에서 통과된 인종 차별법을 가리킨다. 이 법은 흑인들이 분리된 지역에서 따로 살도록 강요했을 뿐 아니라 특정 장소나 교육 기관에 들어가거나 관직을 맡는 일도 금하고 투표 역시 제한하였다. 1965년까지 시행되었다.

엘리야(Elijah): 바알 숭배를 하던 이스라엘 백성에게 하나님의 심판을 선언했던 구약 시대의 선지자이다.

패역자(apostate): 원래 가지고 있던 신앙을 저버린 사람을 가리킨다.

분깃에 줄을 대다(cast the line by lot): 동전 던지기처럼, 외견상 우연히 주어지는 결과에 근거하여 결정을 내리는 방법을 일컫는다. 그러나 구약성경에서 우림과 둠밈을 그러한 방법으로 사용하는 일은 하나님이 직접 정해 주신 방법으로서 그분의 인도하심을 구하기 위해 사용되었다.

바벨론 유배(the Exile): 유다 왕국의 대다수 백성과 모든 귀족들이 하나님께서 그 조상 아브라함에게 약속하신 땅으로부터 추방되어 바벨론으로 사로잡혀 간 사건을 일컫는다. 기간은 대략적으로 주전 586년에서 538년에 해당한다.

남은 자(remnant): 구약성경에 등장하는 표현으로서 일반적으로는 바벨론 유배로부터 귀환한 소수의 유대인을 가리킨다.

성육신한(incarnate): 하나님이신 성자께서 사람의 인격을 가지고 인간이 되신 상태를 표현한다.

내재적으로(intrinsically): 어떤 사물 내지 현상의 본질을 나타내는 표현이다.

허무주의적(nihilistic): 전통적인 신념에는 아무 근거가 없으며 존재도 맹목적이고 무의미하다는 관점을 나타내는 표현이다.

메시아(the Messiah): 하나님이 이스라엘 백성에게 약속하신 영원한 통치자를 가리키는 칭호이다.

파워플레이(power play): 누군가가 자신의 권력, 지위, 영향력을 끌어올릴 수 있는 상황을 예측하고 이에 접근하려는 계획이나 전략을 세우는 활동을 가리킨다.

시온(Zion): 예루살렘의 또 다른 이름으로서, 더욱 구체적으로는 그 도시가 세워진 산을 가리킨다.

죄악(iniquity): 이 문맥에서는 엄청난 불의나 악행을 의미한다.

청지기(steward): 타인의 집, 토지, 사무 등을 관리하도록 고용된 사람을 가리킨다.

역설적인(paradoxical): 외견상으로는 모순되어 보이지만 실제로는 그렇지 않은 두 가지 사실의 관계를 나타내는 표현이다.

Chapter 04

언약(covenant): 두 당사자 간에 맺는 계약을 일컫는 개념이다.

주권적으로(sovereignly): 최고의 권위와 완벽한 통치를 행사할 수 있는 상태를 나타내는 표현이다.

보습(plowshares): 쟁기의 날 부분으로서 밭을 가는 데 사용한다.

중보자(mediator): 서로 적대하던 두 대상을 연결시켜 화목하게 만드는 역할을 하는 사람을 가리킨다.

모세(Moses): 하나님이 애굽에서 종살이하던 이스라엘 백성을 건져내실 때 그들을 인도했던 지도자이다. 하나님은 (십계명을 포함한) 율법을 모세를 통해 전달하셨고, 그의 리더십 하에 이스라엘 백성을 약속하신 땅으로 이끄셨다.

Chapter 05

변증적인(apologetic): 기독교 신앙을 변호하기 위한 논증의 성격을 나타내는 표현이다.

동양 신비주의(eastern mysticism): 불교나 힌두교와 같은 동양 종교에서 추구하는 신앙으로서 주로 묵상을 통해 신(神)과 교통하는 체험을 지향한다.

불가지론(agnosticism): 어떤 대상에 대한 인식의 객관적 증거가 결여되어 있다는 전제 하에 지식의 확실성을 부인하는 입장을 가리킨다.

장자권(birthright): 고대 근동 문화에서 아버지의 소유나 지위를 상속할 수 있도록 장자에게 부여했던 권리를 가리킨다.

유비(analogy): 서로 비교할 수 있는 두 가지 대상 내지 사건 가운데 한 가지를 사용하여 다른 한 가지를 설명하거나 표현하는 방법을 의미한다.

도덕심리학자(moral-psychologist): 인간이 옳고 그름을 판단하여 행동과 결정을 하게 되는 방식에 대해 연구하는 사람을 일컫는다.

샬롬(shalom): 평화, 조화, 통일, 완성, 번영 등을 의미하는 히브리 용어이다.

외상(contusion): 몸의 조직에 타격을 받아 생긴 부상을 가리킨다.

Chapter 06

연대기(annals): 연대순으로 나열한 역사적 기록을 의미한다. 구약성경에서 열왕기와 역대기가 이에 해당한다.

Chapter 07

모순 어법(oxymoron): '소리 없는 아우성', '애늙은이'처럼 의미상 서로 양립될 수 없는 말을 함께 사용하는 수사법을 가리킨다.

전지적인(omniscient): 무한하고 완벽한 지식을 가진 상태를 나타낸다.

광신적인(cultic): 이교적인 숭배 행위를 따라하는 의식이나 관습을 묘사한다.

바리새인(Pharisee): 1세기 유대교의 한 분파에 속한 사람들로서 율법을 외면적으로 철저히 준수했으며 율법 외에 다른 조항들까지 첨부하여 지킴으로써 종교적인 규범을 범하지 않으려고 노력했다.

십일조(tithe): 수확물 중에서 십분의 일을 구분하여 하나님께 드리는 예물이다.

Chapter 08

큐렛(curette): 수술 시에 무엇인가를 긁어낼 때 사용하는 외과 도구이다.

하나님의 경륜(God's economy): 하나님이 세상을 세우고 다스리시는 방식을 의미한다.

Chapter 09

도덕주의적(moralistic): 어떻게 행동하느냐가 궁극적으로 가장 중요한 의미를 가진다고 보는 인생관을 나타낸다.

참고문헌

David & Patricia Alexander, *Eerdmans Handbook to the Bible* (Eerdmans, 1983).

Peter Berger, *The Homeless Mind: Modernization and Consciousness* (Vintage, 1974).

Andy Crouch, *Playing God* (IVP USA, 2013).

Robert Fuller, *All Rise* (Berrett-Koehler, 2006).

Jonathan Haidt, *The Happiness Hypothesis: Finding Modern Truth in Ancient Wisdom* (Basic Books, 2006). 《행복의 가설》권오열 옮김 (안양: 물푸레, 2010).

Cynthia Heimel, *If You Can't Live Without Me, Why Aren't You Dead Yet?!* (Grove, 1991). 《나 없인 못 산다더니 왜 아직 살아 있니》정성호 옮김 (서울: 동아출판, 1993).

Emmanuel Katongole & Chris Rice, *Reconciling All Things* (IVP USA, 2008). 《화해의 제자도》안종희 옮김 (고양: IVP, 2013).

Tim Keller, *Gospel Communication* (Unpublished).

Tim Keller, *Counterfeit Gods: The Empty Promises of Money, Sex, and Power, and the Only Hope that Matters* (Penguin, 2011). 《팀 켈러의 내가 만든 신》윤종석 옮김 (서울: 두란노, 2017).

Tim Keller, *Judges for You* (The Good Book Company, 2013). 《당신을 위한 사사기》김주성 옮김 (서울: 두란노, 2015).

Tim Keller, *Kings Cross* (Dutton, 2011). 《팀 켈러의 왕의 십자가》정성묵 옮김 (서울: 두란노, 2013).

Tim Keller, *The Freedom of Self Forgetfulness: The Path to True Christian Joy* (10Publishing, 2012). 《복음 안에서 발견한 참된 자유》장호준 옮김 (서울: 복있는

사람, 2012).

Tim Keller, *Walking With God through Pain and Suffering* (Dutton, 2013).《팀 켈러,
고통에 답하다》최종훈 옮김 (서울: 두란노, 2018).

C. S. Lewis, *Letters to Malcolm: Chiefly on Prayer* (Harcourt, 1964).《개인기도》홍
종락 옮김 (서울: 홍성사, 2010).

Rebecca Manley Pippert, *Hope Has Its Reasons* (IVP USA, 2001).《토마토와 빨간
사과》김성웅 옮김 (서울: 사랑플러스, 2003).

David Prior, *The Message of Joel, Micah & Habakkuk* (IVP Academic, 1999).

Robert Putnam, *Our Kids: The American Dream in Crisis* (Simon & Schuster, 2015).
《우리 아이들》정태식 옮김 (서울: 페이퍼로드, 2017).

Peter Shaffer, *Equus* (Avon, 1974).《에쿠우스》신정옥 옮김 (파주: 범우사, 2009).

Bruce Waltke, *Obadiah, Jonah and Micah* (IVP USA, 2009).

Edward Welch, *Running Scared* (New Growth Press, 2007).

Edward Welch, *When People Are Big and God Is Small* (P&R, 1997).《큰 사람 작
은 하나님》김찬규 옮김 (서울: 개혁주의신학사, 2012).

Nicholas Wolterstorff, *Hearing the Call: Liturgy, Justice, Church, and the World*
(Eerdmans, 2011).

주
—

_____ PART 1 _____

Chapter 1

1. Peter Shaffer, *Equus* (Avon, 1974), 93-95. 피터 셰퍼, 《에쿠우스》(범우사, 2009).

2. Rebecca Manley Pippert, *Hope Has Its Reasons* (IVP USA, 2001), 64-65. 레베카 피펏, 《토마토와 빨간사과》(사랑플러스, 2003).

3. Bruce Waltke, *Obadiah, Jonah and Micah* (IVP USA, 2009), 137.

4. Pippert, *Hope Has Its Reasons*, 100.

5. Pippert, *Hope Has Its Reasons*, 100.

6. Timothy Keller, *Judges for You* (The Good Book Company, 2013), 38. 팀 켈러, 《당신을 위한 사사기》(두란노, 2015).

7. Timothy Keller, *Gospel Communication* (Unpublished), 90.

8. Waltke, Obadiah, *Jonah and Micah*, 154.

9. Edward Welch, When People Are Big and God Is Small (P&R, 1997), 170-171. 에드워드 웰치, 《큰 사람 작은 하나님》(개혁주의신학사, 2012).

Chapter 2

1. Linda Tirado, "This Is Why Poor People's Bad Decisions Make Perfect Sense": http://bit.ly/1gNmXOu.

2. Brain Zahnd, "My Problem with the Bible": https://brianzahnd.com/2014/02/problem-bible.

Chapter 3

1. Robert Fuller, *Somebodies and Nobodies: Overcoming the Abuse of Rank* (New Society Publishers, 2004). All Rise (Berrett-Koehler, 2006). *Somebodies and Nobodies*. 로버트 풀러, 《신분의 종말》(열대림, 2004).

2. Fuller, *All Rise*, 5-6.

3. Fuller, *All Rise*, 5-6.

4. Fuller, *All Rise*, 10.

5. David Prior, *The Message of Joel, Micah and Habakkuk* (IVP Academic, 1999), 139.

6. 프리드리히 니체, 《권력 의지》(부글북스, 2018).

7. The *Will to Power*, 639행.

8. Andy Crouch, *Playing God* (IVP USA, 2013), 150.

9. Peter Berger, *The Homeless Mind: Modernization and Consciousness* (Vintage, 1974).

Chapter 4

1. Edward Welch, *Running Scared* (New Growth Press, 2007), 231.

2. Timothy Keller, *Walking with God through Pain and Suffering* (Dutton, 2013). 팀 켈러,《팀 켈러, 고통에 답하다》(두란노, 2018).

3. Keller, *Walking with God through Pain and Suffering*, 317.

4. Timothy Keller, *King's Cross* (Dutton, 2011), 121. 팀 켈러,《팀 켈러의 왕의 십자가》(두란노, 2013).

5. Keller, *Walking with God through Pain and Suffering*, 314.

Chapter 5

1. Keller, *Walking with God through Pain and Suffering*, 163.

2. Jonathan Haidt, *The Happiness Hypothesis: Finding Modern Truth in Ancient Wisdom* (Basic Books, 2006), 136. 조너선 헤이트,《행복의 가설》(물푸레, 2010).

3. Haidt, T*he Happiness Hypothesis*, 136.

4. Haidt, *The Happiness Hypothesis,* 138.

Chapter 6

1. David & Pat Alexander, *Eerdmans Handbook to the Bible* (Eerdmans, 1983).

2. Cynthia Heimel, *If You Can't Live Without Me, Why Aren't You Dead Yet?!* (Grove, 1991), 13-14. 신시아 하이멜,《나 없인 못 산다더니 왜 아직 살아 있니》(동아출판, 1993).

3. Prior, T*he Message of Joel, Micah and Habakkuk*, 158.

Chapter 7

1. Abigail Gehring, *The Ultimate Self-Sufficiency Handbook: A Complete Guide to Baking, Crafts, Gardening, Preserving Your Harvest, Raising Animals, and More* (Castle Books, 2013).

2. Keller, *King's Cross*, 62.

3. Keller, *King's Cross*, 64.

—— PART 3 ——

Chapter 8

1. Nicholas Wolterstorff, *Hearing the Call: Liturgy, Justice, Church, and the World* (Eerdmans, 2011), 43.

2. Robert Putnam, *Our Kids: The American Dream in Crisis* (Simon & Schuster, 2015). 로버트 퍼트넘, 《우리 아이들》(페이퍼로드, 2017).

3. Timothy Keller, *Counterfeit Gods: The Empty Promises of Money, Sex, and Power, and the Only Hope That Matters* (Penguin Books, 2011), 79. 팀 켈러, 《팀 켈러의 내가 만든 신》(두란노, 2017).

Chapter 9

1. Emmanuel Katongole & Chris Rice, *Reconciling All Things* (IVP USA, 2008), 77. 에마뉘엘 카통골레 & 크리스 라이스, 《화해의 제자도》(IVP, 2013).

2. 이는 Katongole & Rice, *Reconciling All Things*, 77, 각주 1번에서 인용한 내용이다.

3. Katongole & Rice, *Reconciling All Things*, 77.

4. Katongole & Rice, *Reconciling All Things*, 78.

Chapter 10

1. http://bit.ly/2eSSHvq.

2. C. S. Lewis, *Letters to Malcolm: Chiefly on Prayer* (Harcourt, 1964), 96-97. C. S. 루이스, 《개인 기도》(홍성사, 2007).

3. https://www.desiringgod.org/messages/when-i-fall-i-will-rise.